언리얼 엔진 4 AI 프로그래밍 에센셜

언리얼 엔진 4 AI 프로그래밍 에센셜

블루프린트로 인공지능 게임 만들기

피터 뉴튼 · 지 펭 지음 | 고은혜 옮김

지은이 소개

피터 뉴튼^{Peter L. Newton}

어릴 적부터 컴퓨터에 관심이 많아 관련 기술을 공부했고, 웹 애플리케이션 분야에서 개발자로서 첫 발을 뗐다. 프로그래밍 광으로 다양한 소프트웨어 디자인과 프로그래밍 패턴을 심도 있게 연구했다. 배움 그 자체를 좋아하는 프로그래머기에 수많은 시간 동안 리버스 엔지니어링 어셈블리^{reverse engineering assembly}와 컴퓨터 칩 명령 체계를 독학으로 공부했다. 수년간 웹 개발자, 소프트웨어 개발자, 데이터베이스 아키텍트, 하드웨어 기술자로 활동하며 경력을 쌓았고, 최근 몇 년 동안 가상 현실/게임 업체인 크리에이트^{Create}, 소니 픽처스, 그리고 에픽 게임즈에서 언리얼 엔진 4 개발자로 일했다.

최근에는 VR 프로젝트로 디지털 할리우드의 '시네마틱 및 TV 가상 현실 부문 최우수상^{Best In Virtual Reality Based on a Cinematic or Television Experience}'을 수상한 'Can You Walk The Walk?'를 제작했다.

AI(인공지능)에 대한 독자 여러분의 꾸준한 관심에 감사한다! 여러 튜토리얼을 만든 후, 독자 여러분의 엄청난 반응 덕분에 에픽 게임즈에서 AI 프로그래머로 고용 제의를 받게 됐다. 좋은 친구가 돼준 마이클 앨러(Micheal Allar), 챈스 아이비(Chance Ivey), 닉 화이팅(Nick Whiting), 알렉산더 파셜(Alexander Paschall), 요에리(Yoeri), 잰(Jan), 피트(Pete)에게 감사를 전하고 싶다. 나는 정말 즐거운 나날을 보내고 있다!

멋진 삶을 즐기시길!

지 펑Jie Feng

중국 자싱 출신으로, 콜럼비아 대학에서 박사 과정을 밟고 있다. 머신 러닝과 컴퓨터 비전을 전공하며 이미지로부터 사물을 감지하고 인식하는 것부터 대규모 데이터베이스에서 비슷한 이미지를 추출해 동영상 속 인간의 행동 양식을 이해하는 것에 이르기까지 다양한 문제를 연구하고 있다. 수행했던 작업은 유수의 국제 회의에서 발표돼 왔으며, 미국 특허도 보유하고 있다. 소프트웨어 디자이너이자 개발자로서 마이크로소프트, 아마존, 어도비에서 근무하기도 했다. AI를 실제 세계의 문제에 적용하는 데 열정적이며, 마이크로소프트 키넥트와 모션을 통해 건강을 분석하는 프로젝트로 2013년 뉴욕 혁신 건강 기술 공모전Innovative Health Tech NYC competition의 피플스 초이스 상People's Choice Award을 수상하기도 했다. 현재는 아이스타일EyeStyle이라는 패션 관련 프로덕트를 개발 중이다.

컴퓨터공학을 공부하게 된 계기는 비디오게임이었다. 액션 어드벤처 장르를 가장 좋아하며, 〈레지던트 이블〉, 〈툼 레이더〉, 〈언차티드〉 같은 게임 타이틀이 혁신적인 사고에 영향을 미쳤다. 이 책의 저술은 AI에 대한 지식을 게임 디자인에 적용하고, 언리얼 엔진 4를 이용해 지능적인 캐릭터를 만들어낼 수 있는 잠재성을 발견하게 해준 색다른 경험이었다.

살아가며 내가 선택한 직업과 다른 모든 결정에 대해 조건 없는 지지와 사랑을 보내주신 부모님께 감사드린다. 중국과 미국 양쪽 모두에 재능 있는 이들을 친구와 동료로서 가까이 둘 수 있는 나는 행운아다. 마지막으로, 많은 이들에게 영감을 주고 그들의 삶을 풍성하게 만들어준 모든 게임 디자이너와 개발자들에게 진심으로 감사한다.

기술 감수자 소개

하마다 알 하산 Hamad A. Al Hasan

바레인 해안 지방에서 태어났으며, 게임과 게임 개발에 대한 열정을 안고 바레인 대학에서 컴퓨터과학을 전공했다. 소프트웨어 엔지니어로 몇 년간 근무하고 대양을 건너가 미국 액션 모바일 게임즈Action Mobile Games에서 〈인펙티드 워즈Infected Wars〉의 게임플레이 프로그래머로 근무했다. 언리얼 엔진의 팬이며, 이후 세르비아의 디지털 애로우Digital Arrow로 옮긴 다음 사우디아라비아로 건너가 〈트레일스 오브 이븐 바투타Trails of Ibn Battuta〉의 퍼블리셔인 시마누어Semanoor에서 컨설턴트로 활약하기도 했다. 그 후 작은 게임 스튜디오인 엠파이어 스튜디오Empire Studios에서 기술 이사로 회사 설립에 핵심적인 역할을 해냈으며, 미발표 모바일 게임의 기술 측면을 총괄했다.

2010년 이후로 플레이어 이동, 카메라와 컨트롤, AI, 네트워킹과 복제, 무기, 다양한 커스터마이제이션, HUD, 메뉴를 비롯한 다양한 시스템 작업을 수행해왔다. 언리얼 에디터와 툴에 통달했을 뿐 아니라 매터리얼과 쉐이더 생성에도 전문가다. 현재는 바레인으로 돌아가 자신의 프로젝트 작업을 수행하면서 프리랜서로도 활동하고 있다.

웹사이트(http://www.alhasanstudio.com/)를 통해 그와 연락할 수 있다.

옮긴이 소개

고은혜(eunego91@gmail.com)

동국대학교에서 영어영문학을 전공했다. 졸업 후 12년간 서구권 TV 애니메이션 제작사에서 통번역을 담당하며 미디어 콘텐츠 분야의 경력을 쌓았다. 이후 게임 개발/퍼블리셔 웹젠Webzen을 시작으로 게임 분야에 몸담았으며, 영미권 개발 스튜디오의 게임 개발 자료design documents 번역에서 게임 로컬라이제이션으로 활동 영역을 넓혔다. 미국의 게임 개발사 라이엇 게임즈Riot Games에서는 로컬라이제이션 팀장을 맡아 지난 4년여간 인기 온라인 게임 〈리그 오브 레전드League of Legends〉의 한국 런칭부터 제반 게임 콘텐츠와 공식 홈페이지의 게임 소개를 아우르는 해당 게임 관련 미디어 콘텐츠의 한글화를 총괄했다.

현재는 게임 및 IT 서적 전문 번역가로 일하며, 게임로프트Gameloft 사의 여러 모바일 게임 콘텐츠를 한글화하고 다양한 IT 서적을 번역한다. 독립 IT 기술자의 저술 강연 상호부조 네트워크 GoDev의 일원이다.

옮긴이의 말

지난 봄, 구글이 만든 AI '알파고'가 이세돌 9단과의 바둑 대결에서 승리했다. 이 일로 인해 그제서야 전 국민이 AI의 힘을 눈으로 보고 그 중요성을 인지했지만, 게임 개발 자들에게 AI란 오래전부터 게임의 중요한 부분을 담당해온 핵심이자 필수 요소다.

영웅이 지정한 위치로 달려가는 것도, 〈스타크래프트〉의 유닛들이 공격 명령에 따라 일사천리의 전투를 벌이는 것도, NPC^{nonplayer character}가 다양하게 털어놓는 대화도, 적 이 플레이어의 가장 치명적인 약점을 찌르고 들어올 때도, 광활한 환경 속에서 자동 으로 일어나는 모든 일들 뒤에는 AI가 있다. 플레이어의 몰입도를 높이고 더 큰 재미 를 선사해 기억에 남는 게임 플레이를 발생시키는 그 핵심이 바로 AI인 것이다.

지금까지는 게임에서 이렇게 중요한 부분을 차지하는 AI가 절대 접근하기 쉬운 부분 이 아니었다. 깊이 파고들자면 그 끝을 알 수 없고, 간단한 AI를 구현하는 작업조차도 상당한 지식과 프로그래밍 기술을 요구했기 때문이다. 하지만 게임 엔진의 발전과 함 께 더욱 쉽게 AI를 다룰 수 있는 환경이 마련됐고, 언리얼 엔진 4에 와서는 게임 AI의 구성을 위한 새로운 장이 열렸다고 해도 과언이 아니다. 본문에서 설명하다시피, 블 루프린트나 비헤이비어 트리^{Behavior Tree}를 이용해 프로그래밍 기초 지식이 없다 하더 라도 많은 사람들이 AI 기능을 바탕으로 수준 높은 게임을 만들 수 있게 되는 길이 더 욱 활짝 열린 것이다.

이 책을 번역하면서 내 머릿속에서 그려진 모습이 바로 그것이다. 더욱 강력해졌으면 서도 더 다루기 쉬워진 언리얼 엔진 4를 통해 AI를 구성하는 독립 개발자들의 모습이 다. 그리고 그 개발자들에게 도움이 될 이 책을 번역하는 내 자신의 뿌듯함도 동시에 따라왔다. 게임의 AI란 절대로 쉬운 주제는 아니지만 충분히 마스터할 만한 가치가 있으며, 이 책이 그에 대한 통달로 가는 길에 큰 도움을 줄 책인 것은 의심할 여지가 없다. 게임을 개발하는 것이 아니라 개발된 콘텐츠를 한글화하며 밸런싱 패치를 하는 개발자들이 분명 천재이리라 생각하는 비개발인인 나 역시, 이 책을 번역하면서 배운 것들을 활용하면 재미있겠다는 생각이 들 정도였으니 말이다. 특히나 무료로 배포되는 게임 엔진을 통해 간단하고 직관적으로 AI를 설계할 수 있으므로 이 책을 게임 AI에 대한 공부를 시작하는 출발선으로 여길 수도 있다.

이 책을 통해 언리얼 엔진 4로 AI를 공부하려는 사람들에게 행운이 따르길 기원하면서, 게임을 개발하는 모든 사람들의 염원인 '재미있는 게임'을 만드는 데 이 책이 조금이나마 도움이 되었으면 하는 바람을 덧붙인다.

차례

들어가며

AI^{Artificial Intelligence}란 어느 게임에서나 필수적인 부분이다. 우리가 만들어낸 가상 세계에 플레이어가 몰입할 수 있게 만들고 플레이할 재미를 주는 것이 바로 AI다. 그런데 게임 AI는 우리가 아는 일반적인 과학 분야의 AI와는 다르다. 게임 AI란 NPC가 장애물을 피해 한 곳에서 다른 곳으로 이동하는 내비게이션, 다양한 상황에 따라 특정 액션을 어떻게 수행할지에 대한 결정, 환경에 어떤 것들이 존재하며 상태는 어떤지 이해하는 능력인 환경 감지 같은 게임 디자인 측면의 핵심적인 문제를 해결하기 위한 기술이다. 이런 기술 덕분에 플레이어들이 가상 세계에 더 빠져들 수 있게끔 역동적이고 사실적인 게임 플레이가 만들어질 수 있다.

게임 AI는 복잡하며, 직접 개발하려면 수많은 난관을 극복해야만 한다. 언리얼 엔진 4는 크로스 플랫폼을 겨냥한 3D나 2D 게임을 제작하는 데 풍부한 기능을 제공하는 강력한 게임 엔진이며, 빼어난 그래픽과 고도로 커스터마이즈할 수 있는 컴포넌트를 갖춘 것으로 유명하기도 하다. 게다가 이제는 무료로 사용할 수 있는 오픈소스로 제공돼, 가장 인기 있는 게임 엔진 중 하나로 꼽히기도 한다. 언리얼 엔진 4는 내비 메시^{NavMesh}, 비헤이비어 트리, 환경 쿼리 시스템을 포함한 완벽한 게임 AI용 툴 세트를 제공한다. 이런 툴을 활용하면 게임에 AI를 넣기가 훨씬 쉬워진다. 게임 디자이너라면 블루프린트라는 비주얼 스크립팅 툴을 활용해, 코드 한 줄 쓰지 않고 노드만 연결해 AI를 포함한 게임 로직을 구축할 수도 있다.

이 책은 언리얼 엔진 4의 이런 멋진 툴을 소개함으로써 게임 AI를 구축해 가상 세계를 더욱 흥미롭게 만들고자 하는 이들을 돕는다. 이를 위해 앞에서 언급한 모든 컴포넌트를 다루고, 각 툴을 어떻게 이용해 다양한 캐릭터의 행동 양식을 구축하고 이를 조합해 좀 더 복잡한 씬을 만들어낼 수 있는지 보여준다.

벌써 독자 여러분이 만들어낼 결과물이 궁금해진다!

이 책에서 다루는 내용

1장. 게임 AI 소개 AI의 기본 개념과 함께, 이것이 어떻게 게임 경험에 직접적인 영향을 미치고 게임 경험을 향상시키는지 소개한다. 특히 전통적인 AI와 게임에 특화된 AI의 목적이 어떻게 다른지 알아본다.

2장. 기본 AI 생성 첫 번째 AI를 차근차근 직접 만들어보면서, 여기에 사용되는 기술을 설명한다. 언리얼 엔진 4에 바로 뛰어들어 기본 컴포넌트를 사용해 무작위로 움직이는 AI의 단일 상태를 만들어본다.

3장. 무작위성과 확률 추가 무작위성과 확률 기술을 어떻게 사용하는지 알려주며, 게임을 예측하기 어렵고 더욱 흥미롭게 만들어본다. 언리얼 엔진 4에서는 이 기술을 어떻게 사용해야 하는지 살펴본다.

4장. 이동 도입 언리얼 엔진 4에서 우리의 AI 캐릭터들에 이동을 도입하는 법을 소개한다. 캐릭터가 레벨 안에서 지능적으로 내비게이션하게 할 때는 길 찾기^{path finding}가 쓰인다.

5장. AI에게 선택권 부여 비헤이비어 트리를 이용해 우리의 캐릭터에 자동적인 비헤이비어를 넣는 방법을 설명한다. 비헤이비어 트리는 나무 형태의 구조로 AI의 로직을 시각적으로 구성하며, 다양한 캐릭터에 재사용할 수 있는 기법이다.

6장. AI의 감각은 어떻게 이뤄지는가 언리얼 엔진 4에서 우리의 AI가 월드 안에 배치해 둔 다른 AI와 폰을 감지할 수 있게 해주는 다양한 컴포넌트의 사용법을 설명한다.

7장. 고급 이동 군집^{flocking}과 같은 고급 길 따라가기^{path-following} 행동을 집중해서 살펴본다. 군집은 여러 AI 캐릭터에 대한 그룹 행동 양식을 만들 수 있게 해준다.

8장. 순찰, 추적, 공격하는 AI 이전 장들에서 사용해 우리의 AI 캐릭터가 내비게이션하게 해줬던 AI 감각과 이동을 포함해 여러 컴포넌트를 조합해본다. 그런 다음, AI 캐릭터가 감지한 캐릭터를 추격하는 데 보내는 시간을 무작위로 적용해볼 것이다.

9장. 지금까지 배운 내용 이전 장에서 다룬 내용들을 간략히 복습한다. 또한 이 책에서 배운 다른 것을 활용해 어떤 것들을 얻을 수 있는지에 대해서도 살펴본다.

준비 사항

이 책의 내용을 살펴보는 데 언리얼 엔진 4.7.0만 필요하며, https://www.unrealengine.com에서 다운로드할 수 있다.

이 책의 대상 독자

이 책은 언리얼 엔진 4의 게임 AI에 대해 더 알아보고자 하는 프로그래머와 아티스트를 대상으로 한다. 언리얼 엔진 4에 대한 개요는 다루지 않고 바로 게임 AI를 살펴볼 것이므로, 이전에 언리얼 엔진을 사용해본 독자들에게 적합하다.

편집 규약

이 책에서는 독자의 이해를 돕고자 다루는 정보에 따라 글꼴 스타일을 다르게 적용했다. 이러한 스타일의 예와 의미는 다음과 같다.

텍스트에서 코드 단어는 다음과 같이 표기한다.

"이제 리턴된 `MyCharacter` 폰 안의 `Hero` 클래스를 필터링하자."

화면상에 표시되는 메뉴나 버튼은 다음과 같이 표기한다.

"언리얼 엔진을 열고 Volumes 하위의 Modes 패널을 찾아가면 NavMeshBoundsVolume을 볼 수 있다."

 경고나 중요한 노트는 이와 같이 나타낸다.

 팁과 요령은 이와 같이 나타낸다.

독자 의견

독자로부터의 피드백은 항상 환영이다. 이 책에 대해 무엇이 좋았는지 또는 좋지 않았는지 소감을 알려주기 바란다. 독자 피드백은 독자에게 필요한 주제를 개발하는 데 매우 중요하다. 일반적인 피드백을 우리에게 보낼 때는 간단하게 feedback@packtpub.com으로 이메일을 보내면 되고, 메시지의 제목에 책 이름을 적으면 된다. 여러분이 전문 지식을 가진 주제가 있고, 책을 내거나 책을 만드는 데 기여하고 싶으면 www.packtpub.com/authors에서 저자 가이드를 참조하기 바란다.

고객 지원

팩트출판사의 구매자가 된 독자에게 도움이 되는 몇 가지를 제공하고자 한다.

예제 코드 다운로드

이 책에 사용된 예제 코드는 http://www. packtpub.com의 계정을 통해 다운로드할 수 있다. 다른 곳에서 구매한 경우에는 http://www.packtpub.com/support를 방문해 등록하면 파일을 이메일로 직접 받을 수 있다.

코드 파일을 다운로드하려면 다음 과정을 따른다.

1. 로그인하거나 이메일 주소와 비밀번호를 이용해 웹사이트에 등록한다.
2. 마우스 포인터를 상단 SUPPORT 탭 위에 둔다.
3. Code Downloads & Errata를 클릭한다.
4. Search 박스에 책 이름을 넣는다.
5. 코드 파일을 다운로드하려는 책을 선택한다.
6. 드롭다운 메뉴에서 책의 구매처를 선택한다.
7. Code Download를 클릭한다.

파일의 다운로드가 완료되면, 다음 프로그램의 최신 버전으로 압축을 풀고 폴더를 추출해야 한다.

- 윈도우: WinRAR, 7-Zip
- 맥: Zipeg, iZip, UnRarX
- 리눅스: 7-Zip, PeaZip

또한 에이콘출판사의 도서 정보 페이지인 http://www.acornpub.co.kr/book/unreal-ai에서도 예제 코드를 다운로드할 수 있다.

정오표

내용을 정확하게 전달하기 위해 최선을 다했지만, 실수가 있을 수 있다. 팩트출판사의 도서에서 문장이든 코드든 간에 문제를 발견해 알려준다면 매우 감사하게 생각할 것이다. 그런 참여를 통해 그 밖의 독자에게 도움을 주고, 다음 버전의 도서를 더 완성도 높게 만들 수 있다. 오탈자를 발견한다면 http://www.packtpub.com/submit-errata를 방문해 책을 선택하고, 구체적인 내용을 입력해주길 바란다. 보내준 오류 내용이 확인되면 웹사이트에 그 내용이 올라가거나 해당 서적의 정오표 부분에 그 내용이 추가될 것이다. http://www.packtpub.com/support에서 해당 도서명을 선택하면 기존 정오표를 확인할 수 있다. 한국어판은 에이콘출판사 도서정보 페이지 http://www.acornpub.co.kr/book/unreal-ai에서 찾아볼 수 있다.

저작권 침해

인터넷에서의 저작권 침해는 모든 매체에서 벌어지고 있는 심각한 문제다. 팩트출판사에서는 저작권과 사용권 문제를 아주 심각하게 인식한다. 어떤 형태로든 팩트출판사 서적의 불법 복제물을 인터넷에서 발견한다면 적절한 조치를 취할 수 있도록 해당 주소나 사이트명을 알려주길 부탁한다. 의심되는 불법 복제물의 링크를 copyright@packtpub.com으로 보내주길 바란다. 저자와 더 좋은 책을 위한 팩트출판사의 노력을 배려하는 마음에 깊은 감사의 뜻을 전한다.

질문

이 책과 관련해 질문이 있다면 questions@packtpub.com으로 문의하길 바란다. 최선을 다해 질문에 답하겠다. 한국어판에 관한 질문은 이 책의 옮긴이나 에이콘출판사 편집 팀(editor@acornpub.co.kr)으로 문의해주길 바란다.

[01 게임 AI 소개

이 장에서는 AI(인공지능)란 무엇이고, 어떻게 게임 경험에 직접적인 영향을 미치며 또 게임 경험을 향상시키는지에 대한 기본적인 개념을 살펴본다. 특히 전통적인 AI와 게임에 특화된 AI의 목적이 어떻게 다른지 알아본다. 그리고 내비게이션, 비헤이비어 트리^{behavior tree}, 센서 시스템^{sensory system} 등 게임 AI에 사용되는 다양한 기법들을 소개한다. 또한 언리얼 엔진 4의 에디터에서는 어떤 툴을 활용할 수 있는지도 간단히 알아본다. 이 장을 다 읽고 나면 AI를 게임 개발에 어떻게 적용해 더 나은 게임 경험을 구성할 수 있는지를 기본적으로 이해하게 될 것이다. 이 장에서 간단히 다루는 AI 기술은 이어지는 장들에서 더 자세히 살펴본다.

게임 AI

AI라고 하면 다른 무엇보다 로봇이 먼저 떠오를 것이다. AI란 살아있는 생물은 지능을 통해 판단하고 결정한다는 개념에서 나온 것이다. 우리가 어떤 행동을 하기로 결정할 때는 입력, 맥락, 그리고 개인적인 추론이 필요하다. AI는 이런 과정을 자동화된 행동 양식으로 만들어주는 시스템을 가상으로 복제한 것이다. 이 책의 독자들이 상당한 기간 동안 게임을 해봤으리라는 가정하에, 적을 구석에 몰아넣기만 하면 거기서 빠져나올 수 없게 되던 옛날 게임보다 지금의 게임 AI가 그다지 더 영리해지진 않았다는 점도 알고 있으리라 생각한다. 현재의 게임 AI는 일반적인 AI에 대한 과학적 연구와 비견될 수준까지는 절대 오르지 못했다. 일반적으로 게임 AI는 잘 통제되고 예측 가능한 가상 세계에서 작동하도록 디자인되며, 주로 게임의 액터^{actor}들이 다양한 상황에 맞춰 적절한 행동을 하도록 허용해주는 하드코딩된 규칙으로 구성된다. 게임 AI는 재미를 주기 위해 존재하므로, 그런 맥락에서 플레이어에게 영리한 것처럼 보이기만 하면 된다.

AI는 폭넓은 주제라 할 수 있으므로, 가능한 모든 기술을 죄다 적용하는 것은 좋은 접근이 아니다. 따라서 이 책에서는 근사한 게임 AI를 만드는 데 필요한 것만 다룬다. 즉 이 책에서는 특정한 게임 AI 기술만 다룬다는 뜻이지만, AI의 세계는 넓고도 멋진 곳이라는 것을 알아두자.

AI는 게임 경험에 어떤 영향을 미치는가

플레이어들은 게임에서 사실적인 느낌과 몰입감을 원한다. AI는 가상 세계에 현실감과 재미를 가져옴으로써 이런 게임 경험을 형성하는 데 커다란 역할을 한다. 강아지가 따라다닌다거나, 소리를 내면 새 떼가 퍼덕이며 흩어지는 장면을 상상해보면 느낌이 올 것이다. 게임 AI가 제일 흔하고 중요하게 적용되는 것은 아마도 적군일 것이다. 내비게이션, 전투, 보조, 분석 같은 몇 가지 게임 AI는 플레이어가 현실감과 도전 의식을 느낄 수 있게끔 다른 플레이어들의 공백을 채워준다. 이런 요소가 이용된 역사는 체스, 님^{Nim}, 〈퐁^{Pong}〉, 〈팩맨〉까지 거슬러 올라간다. 그리고 오늘날에도 절차적으로 레벨이 빌드되는 전투 게임의 환경에 사용되고 있다. 현대의 게임 디자인에서는 게임 플레이에 오픈 월드$^{open\ world}$, 대규모 인게임 캐릭터, 소셜 인터랙션 같은 새로운 기능이 빠르게 도입되고 있으며, 이렇게 더욱 예측하기 어려운 환경에서도 AI가 선택할 수 있게 만들기 때문에 새로운 문제가 생겨나기도 한다.

트리플 A급의 타이틀에서조차 아직까지 AI가 사용자를 실망시키는 문제로 인해 골치를 앓고 있다. 그럼 다음 절에서는 이렇게 중요한 AI 모듈을 만드는 데 도움이 되는 강력한 기술과 함께, 언리얼 엔진에서는 이것이 어떻게 구현되는지 살펴보자.

게임 AI 기술과 실제 적용

기본적인 이동부터 고급 환경 감지와 판단에 이르기까지 게임 AI의 다양한 측면을 아우르는 많은 기술이 있다. 그럼 하나씩 살펴보자.

내비게이션

AI의 내비게이션은 보통 다음 툴을 이용해 구성한다.

- 내비게이션 메시^{Navigation Mesh}: 내비 메시^{NavMesh}라고도 부르는 내비게이션 메시 툴을 이용하면 AI가 지나갈 수 있는 영역을 지정할 수 있다. 내비 메시는 레벨을 폴리곤 형태로 단순화한 것으로 (다음 스크린샷의 녹색 범위), 각 폴리곤은 근처에 있는 노드 하나에 대한 연결점 역할을 한다. 보통 이 과정은 자동으로 일어나므로 디자이너들이 노드를 수동으로 배치할 필요는 없다. 언리얼에서는 특수한 툴을 이용해 레벨의 지오메트리를 분석하고, 이에 따라 가장 최적화된 내비게이션 메시를 생성한다. 그 목적은 물론 레벨에서 게임 에이전트가 플레이할 수 있는 영역을 결정하는 것이다. 길 찾기 기술에는 이것만 사용된다는 점에 유의하자. 이 책에서 제공하는 예제들에는 내비 메시가 잘 맞기 때문에 계속 사용할 것이다.

- 패스 팔로잉^{Path Following}: 내비 메시와 비슷한 솔루션인 패스 노드^{Path node}로 AI가 움직일 수 있는 공간을 지정할 수 있다.

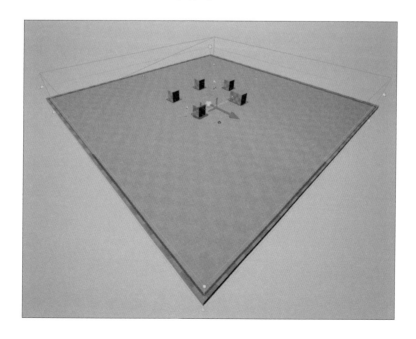

- 비헤이비어 트리^{Behavior Tree}: 비헤이비어 트리를 이용해서 AI의 다음 번 목적지에 영향을 주면 변화무쌍한 플레이어 경험을 만들 수 있다. 요청된 목적지를 계산할 뿐 아니라 옆으로 재주넘으면서 손을 짚지 않고 뒤로 두 바퀴 회전할지, 세 번 공중제비를 넘으며 손을 활짝 펴고 흔들면서 씬에 들어올지도 결정한다.
- 스티어링 비헤이비어^{Steering behaviors}: 스티어링 비헤이비어는 AI가 내비게이션하는 동안 장애물을 피하는 방식에 영향을 미친다. 또한 스티어링을 이용해 왕궁의 성벽을 공격하는 부대의 대형을 만들어낼 수도 있다. 스티어링은 캐릭터의 이동에 영향을 주는 많은 요소에 이용할 수 있다.
- 센서 시스템^{Sensory systems}: 센서 시스템은 주위 플레이어들, 음향 수준, 근처의 엄폐물, 그 외 이동에 영향을 주는 다양한 환경 요소 같은 중요한 디테일을 제공하는 데 쓰일 수 있다. AI가 환경 변화를 인식해 실제의 적을 상대하는 듯한 환상을 깨지 않도록 하는 것은 굉장히 중요하다.

이 모든 컴포넌트가 AI 내비게이션에 필요한 것은 아니지만, 내비게이션에 영향을 미치는 중요한 피드백을 제공한다. 월드 안에서의 내비게이션은 게임 안에서의 경로에 의해서만 제한된다. 다음 그림에서 리더를 따라가는 여러 멤버들의 그룹 행동 양식에 대한 예를 보자.

스티어링으로 사실 같은 이동 만들기

차를 조종하는 것을 떠올려보면, 게임 AI 내비게이션에도 똑같은 아이디어가 적용된다는 것을 짐작할 수 있다. 스티어링은 다음 목적지로 향하는 AI의 움직임에 영향을 준다. 이 영향을 필요에 따라 이용할 수 있는데, 가장 흔한 이용법은 그냥 넘어가도록 하겠다. 회피는 다가오는 AI와의 충돌을 피하는 데 꼭 필요하다. 군집^{flocking}은 스티어링의 또 한 가지 핵심 요소로, 완전히 공포에 빠지는 상황이나 물고기 떼 같은 흥미로운 집단 행동을 시뮬레이션하는 데 유용하다. 스티어링 비헤이비어의 목적은 플레이어의 세계 속에서 진짜 같은 이동과 행동 양식을 이뤄내는 것이다.

무작위성과 확률이 있는 캐릭터 생성

캐릭터의 AI는 봇의 판단 능력에 무작위성과 확률을 추가해준다. 봇이 항상 똑같은 방식으로 씬에 들어와서 똑같은 공격을 하고, 타격에 성공할 때마다 웃어서 짜증 나게 군다면 그다지 독특한 경험이 되지는 못할 것이다. 무작위성과 확률을 이용하면 AI가 확률에 따라 가끔씩만 웃게 만들고, AI가 어떤 스킬을 선택할지에도 무작위성을 넣을 수 있다. 무작위성과 확률을 넣을 때 따라오는 또 한 가지 장점은 난이도나 스킬 시도가 빗나갈 확률을 낮추며 봇도 더 정확히 조준하게 만들 수 있다는 점이다. 봇이 이리저리 돌아다니며 적을 찾게 할 때는 봇의 감지 입력에 확률과 무작위성을 넣어 좀 더 합리적인 결정을 내리게 할 수 있다.

비헤이비어 트리를 통한 복잡한 판단 생성

유한 상태 기계^{FSM, finite state machines}는 정해진 수의 상태가 서로 어떻게 전환되는지를 정의해주는 모델로, 예를 들어 다음 그림처럼 채집에서 수색, 그다음 공격으로 갈 수 있도록 해주는 것이다. 비헤이비어 트리 역시 이와 비슷하지만, FSM보다는 유연성이 훨씬 크다. 비헤이비어 트리는 계통적 FSM을 허용하는데, 이러면 또 다른 판단의 레이어가 들어간다. 그러므로 봇은 비헤이비어 트리의 상태가 정의된 분기 중 하나를 선택할 수 있게 된다. UE4에는 비헤이비어 트리라는 에디터 툴이 있는데, AI의 행동 방식을 빠르고 쉽게 수정할 수 있도록 해준다.

다음은 FSM 모델의 도해다.

비헤이비어 트리의 컴포넌트를 한번 살펴보자.

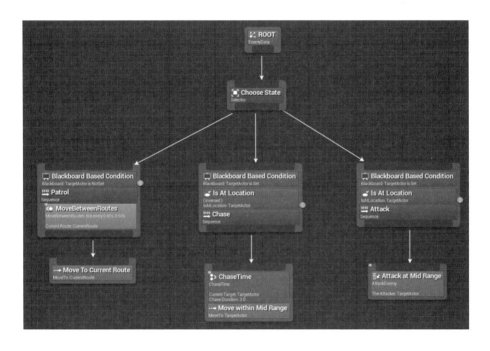

이제 UE4 비헤이비어 트리의 컴포넌트를 하나씩 알아보자.

루트

이 노드는 신호를 트리의 다음 노드로 보내주는 시작 노드다. 첫 번째 트리가 시작되는 컴포짓에 연결된다. 이제 컴포짓을 이용해 트리를 정의하고 나서 이 트리가 해야 할 일을 생성해야 한다. 계층적 FSM은 상태의 브랜치branch들을 만들기 때문이다. 그리고 이 상태들을 다른 상태나 태스크들로 채워 넣는데, 이러면 여러 상태들을 쉽게 전환할 수 있게 된다. 루트^{Root} 노드는 다음 스크린샷처럼 생겼다.

데코레이터

데코레이터^{Decorator}는 트리의 브랜치나 심지어는 단일 노드가 실행될지 여부를 컨트롤하는 조건문이다(노드 상단의 파란색 부분). 우리는 다음 번 가능한 루트를 업데이트하도록 우리가 만들 AI에 데코레이터를 사용했다.

다음 그림에서는 컴포짓의 상단에 있는 상태를 정의하는 공격과 파괴^{Attack & Destroy} 데코레이터를 볼 수 있다. 이 상태에는 두 가지 태스크인 적 공격^{Attack Enemy}과 적에게 이동^{Move to Enemy}이 있는데, 여기에도 봇이 언제 수색 상태를 수행해야 하는지 알려주는 데코레이터가 있다.

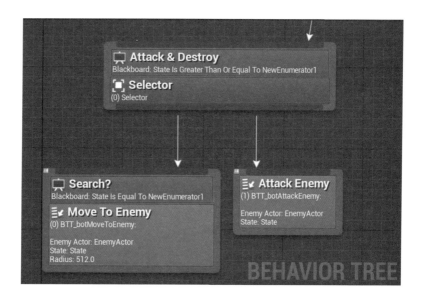

컴포짓

컴포짓^{Composite}은 상태들의 시작점이다. 컴포짓은 상태가 복귀와 실행 플로우에서 어떻게 행동해야 하는지 정의한다. 여기에는 선택기^{selector}, 시퀀스^{sequence}, 단순 병렬^{simple parallel} 이렇게 세 가지 종류가 있다. 이 시작 브랜치에는 상태가 수색 상태와 같거나 큰지를 확인하는 조건문이 있다.

선택기는 자녀 브랜치 각각을 왼쪽부터 오른쪽으로 틀림없이 실행하지만, 자녀 중 하나가 성공을 리턴하면 성공을 리턴한다. 그러므로 노드들이 성공적으로 실행됐는지 확인하지 않는 상태에 사용하면 좋다. 다음 스크린샷은 선택기의 예시를 보여준다.

시퀀스는 선택기와 비슷하게 자녀를 실행시키지만, 자녀 중 하나가 실패를 리턴하면 실패를 리턴한다. 다시 말해, 모든 노드가 성공해야만 시퀀스가 완료되는 것이다. 시퀀스 노드는 다음 스크린샷을 참고하자.

마지막으로, 역시 중요한 단순 병렬은 본질적으로 태스크와 트리가 동시에 수행되도록 해주므로, 또 다른 태스크를 항상 호출해야 하는 상태를 생성할 때 좋다. 이렇게 설정하려면 우선 실행하게 될 태스크에 연결해야 한다. 연결된 두 번째 태스크나 상태는 첫 번째 태스크가 성공을 리턴할 때까지 첫 번째 태스크와 함께 계속 호출된다.

서비스

서비스는 연결된 컴포짓이 활성화돼 있는 한 계속 구동된다. 속성에서 설정한 간격에 따라 틱tick(액터의 업데이트)이 일어난다. 서비스에는 틱 간격Tick Interval이라는 또 하나의 플로트float 속성이 있어 이 서비스가 배경에서 얼마나 자주 실행돼야 하는지 컨트롤할 수 있게 해준다. 서비스는 항상 호출되기 때문에 대부분의 AI 상태를 변경하는데 사용된다. 예를 들어, 우리가 만들 봇에는 트리의 첫 번째 브랜치에 서비스를 추가해 방해 없이 호출하고, 봇이 어떤 동작을 할 때도 상태를 유지할 수 있도록 할 것이다. 다음 스크린샷의 녹색 스크린샷은 중요한 정보를 담고 있는 서비스다.

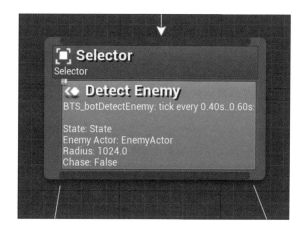

적 감지Detect Enemy라는 이 서비스는 실제로 상태와 적 액터 같은 블랙보드Blackboard 변수를 업데이트하는 편차 사이클을 가동한다.

태스크

태스크Task는 귀찮은 작업을 처리하고 필요할 경우 성패 여부를 보고한다. 태스크에는 비헤이비어 트리에서 참조할 수 있는 블루프린트 노드가 있다. 태스크를 만들 때 가장 자주 쓰는 노드 타입은 두 가지다. 하나는 신호를 받아 연결된 스크립트를 실행하는 이벤트 수신 실행Event Receive Execute, 두 번째는 신호를 돌려보내 성공이 참인지 거짓인지 리턴하는 종결 실행Finish Execute이다. 시퀀스 컴포짓 노드를 위한 태스크일 때는 중요한 요소다.

블랙보드

블랙보드[Blackboard]는 AI 비헤이비어 트리에서 사용되는 변수들을 저장하는 애셋으로, 비헤이비어 트리 밖에서 생성된다. 우리의 예제에서는 상태[State], 적 액터[EnemyActor] 오브젝트의 상태에 수많은 변수를 저장해 현재 타깃으로 정해져 있는 적을 담고, 루트[Route]에는 AI가 이동해야 하는 현재 경로 포지션을 저장할 것이다. 현재의 모든 변수는 다음과 같이 Blackboard 패널에서 키로 확인할 수 있다.

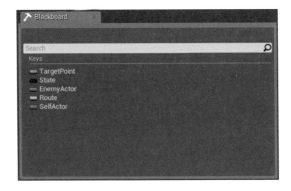

이 키들은 드롭다운 메뉴에서 사용할 수 있는 블랙보드 변수 중 하나에 공용 변수 노드를 설정하기만 하면 작동한다. 이름을 다음 스크린샷처럼 붙이면 이 과정이 좀 더 매끄럽게 처리된다.

센서 시스템

센서 시스템은 보통 시야, 사운드, 메모리 같은 여러 모듈로 구성돼 AI가 환경에 대한 정보를 얻을 수 있도록 도와준다. 봇은 환경 내의 사운드를 이용해 위험천만한 위협을 시작하거나 주위에서 도움을 청하는 팀원들을 도와주기 전에 계획적으로 리스크를 산정함으로써 지능을 가진 것 같은 환상을 유지시킬 수 있다. 메모리의 이용은 봇이 심각한 위협을 맞닥뜨렸던 곳을 보면 피해 가거나, 마지막으로 자기 그룹이 있었던 장소로 급히 돌아갈 수 있게 해준다. 적 플레이어의 경우 센서 시스템의 생성은 AI가 플레이어와 싸우는 환경에 크게 좌우된다. 게임에 몰입감을 주는 AI를 만들려면 엄폐물을 찾고, 적을 피하고, 탄약을 집는 행위 등을 할 수 있어야 한다. AI가 플레이어에게 도전 과제를 주는 게임은 개인마다 독특한 경험을 하게 만든다. 좋은 센서 시스템은 반응성이 뛰어난 AI를 만드는 데에 필수적인 정보를 제공한다. 이 프로젝트에서는 AI가 볼 수 있는 폰pawn을 감지하는 데에 센서 시스템을 이용해본다. 또한 적의 시야를 확인하는 기능도 사용할 것이다. 우리의 경로 중간에 또 다른 폰이 있는지도 확인하겠다. 또한 영역 안에 있는 엄폐물과 다른 자원들도 확인할 수 있다.

머신 러닝

머신 러닝이란 그 자체로 학문의 한 영역이다. 이 기술은 AI가 상황과 시뮬레이션으로부터 학습할 수 있게 해준다. 환경으로부터 봇이 결정적인 액션을 할 수 있는지에 대한 맥락을 포함해 입력을 취한다. 머신 러닝에서는 입력이 특정 확률로 여러 출력을 예측할 수 있는 분류자로 들어간다. 여러 분류자가 하나로 합쳐지면 확률 예측의 정확도가 높아진다. 우리는 이 주제에 대해 깊이 들어가지 않겠지만, 머신 러닝에 대해서는 교재(크리스토퍼 M. 비숍의 『Pattern Recognition and Machine Learning』, 스프링거)에서부터 온라인 강좌(coursera.org의 'Machine Learning')에 이르기까지 방대한 자료를 참조할 수 있다.

트레이싱

트레이싱Tracing은 월드 안의 또 다른 액터가 레이 트레이싱에 의해 오브젝트를 감지할 수 있게 해준다. 한 줄의 트레이스가 발사돼, 액터와 충돌하면 액터가 충격 관련 정보를 리턴한다. 트레이싱은 여러 가지 이유로 이용되며, 그중 하나는 FPS 게임에서 타격을 감지하는 것이다. 히트 박스hit box가 무엇인지는 알 것이다. 플레이어가 게임에서 총을 발사하면, 상대방의 히트 박스에 충돌하는 트레이스trace가 발사돼 플레이어가 입힌 데미지를 판단하며, 실력이 좋으면 처치할 수도 있다. 트레이스에는 구체, 캡슐, 박스 등 다른 형태도 적용 가능해 다양한 상황의 트레이싱이 가능하다. 최근에 우리는 자동차 근처에 있는 오브젝트들을 감지하게끔 박스 트레이스를 이용하기도 했다.

영향 매핑

영향 매핑Influence Mapping은 한계가 정해져 있는 접근법이 아니며, 맵에 있는 특정 장소에 플레이어나 AI에 직접 영향을 주는 정보를 부여하는 것이다. AI가 있는 영향 매핑의 예는 존재 감지presence falloff다. 예를 들어 다른 적 AI가 그룹 안에 있다고 해보자. 맵에서 이들의 존재는 그룹의 크기에 비례해 그룹의 강도를 나타내는 방사상의 원을 만들어낸다. 이런 식으로 다른 AI는 이 영역에 들어오면 다른 적 AI가 점령한 구역에 들어오는 것임을 알게 된다.

실용적인 정보는 사람만 이용하는 것이 아니므로, 봇이 추가적인 결정을 내릴 수 있는 입력의 레벨을 하나 더 제공하는 것이라고 이해하면 된다. 다음 이미지에서 볼 수 있듯, 다양한 색깔은 서로 다른 종류의 AI가 점유하고 있는 구역을 보여주며, 색의 강도는 각 AI 캐릭터의 영향력을 나타낸다.

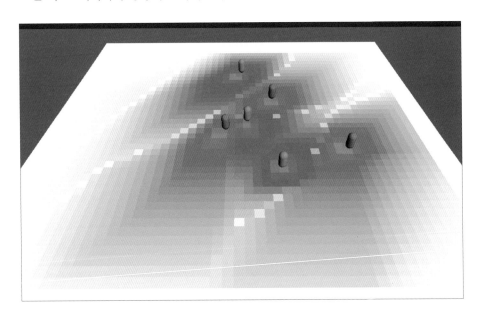

언리얼 엔진 4 툴

언리얼 엔진 4는 게임에 자주 쓰이는 AI를 활용할 수 있는 완벽한 툴들을 갖추고 있다. 그럼 각 툴을 자세히 알아보자. 이 책에서 다룰 툴의 목록은 다음과 같다.

- 비헤이비어 트리: 다양한 상태와 AI의 배경에 있는 로직을 생성하는 데 사용된다.
- 내비게이션 컴포넌트: AI의 움직임을 처리한다.
- 블랙보드 애셋: 정보를 저장하는 데 쓰인다. AI의 로컬 변수로도 작용한다.
- 이뉴머레이션Enumeration: 상태들을 생성해 오가도록 하는 데 사용한다.
- 타깃 포인트Target Point: 우리의 웨이포인트 클래스는 타깃 포인트 클래스에서 나오며, 이것으로 기본 경로 노드를 생성할 것이다.
- AI컨트롤러와 캐릭터: 이 컨트롤러는 월드와 AI의 컨트롤되는 폰 간의 통신을 처리하게 된다.
- 내비게이션 볼륨Navigation Volumes: 환경에서 내비게이션 메시를 생성해 AI의 길 찾기를 가능하게 만드는 데 사용된다.

다음 스크린샷을 살펴보자.

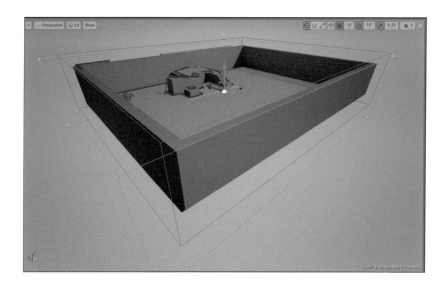

내비게이션 볼륨에는 두 가지 종류가 있다. 첫 번째는 내비 메시 바운드 볼륨으로, 내비 메시의 영역을 정의한다. 내비 영역^{NavArea} 클래스에서 제공되는 내비 모디파이어 ^{Nav Modifier} 볼륨은 둘이 교차하는 내비 메시 바운드^{NavMesh Bounds} 볼륨의 내비게이션 속성들에 영향을 준다.

요약

이 장에서는 게임 AI를 소개하고, 우리의 게임 경험에 AI가 얼마나 중요한지 논의했다. 그다음, 가장 많이 사용되는 AI 기술과 이 기술로 무엇을 할 수 있는지 살펴봤다. 그리고 게임 AI에 해당하는 UE4의 툴들도 간단히 살펴보며 이 책에서 앞으로 다룰 내용을 개략적으로 소개했다. 그럼 다음 장에서는 본격적으로 AI에 의해 컨트롤되는 플레이어를 설정하고, 여기에 몇 가지 단순한 행동 양식을 추가해보자.

[02 기본 AI 생성

이 장에서는 지금까지 소개한 기술들을 이용해 첫 번째 AI를 생성하며 차근차근 설명해 나가겠다. 지금부터 본격적으로 언리얼 엔진 4를 열고, 기본 컴포넌트를 사용해 무작위적으로 움직이는 단일한 AI의 상태를 만들어볼 것이다. 그런 다음, 작업 내용을 검토하면서 어떤 변경을 할 수 있으며 사용한 기술의 단점이 무엇인지도 살펴본다.

이 장에서 다룰 내용은 다음과 같다.

- 프로젝트 셋업
- AI컨트롤러 생성
- AI컨트롤러로 폰pawn에게 지시하기
- 내비게이션을 돕기 위한 작은 블루프린트 스크립트 생성

목표

이 장의 목표는 레벨에 AI 캐릭터를 배치하고 블루프린트를 이용해 무한정 무작위로 움직이도록 지시하는 것이다. 이 장에서는 게임 타이틀에서 흔히 볼 수 있는 기본적 AI 기술을 잘 이해할 수 있게끔 여러 기술을 살펴본다. 지금부터 소개할 기술은 다음과 같다.

- 먼저, 레벨에 블루프린트가 있는 AI 캐릭터인 주인공을 배치해 무작위로 무한정 움직이도록 지시할 것이다. 먼저 새로운 삼인칭 프로젝트를 생성해 적절한 이름을 붙일 것이다. 그런 다음 샘플 콘텐츠에서 제공되는 디폴트 폰을 봇으로 이용

하겠다. 그리고 우리의 폰을 컨트롤할 AI컨트롤러^AIController를 생성한다. 그런 다음 봇을 무작위로 무한정 이동시키도록 AI컨트롤러 인스트럭션^instruction을 제공할 것이다.

- 두 번째로는 이 AI 캐릭터가 기본 경로를 따라가도록, 예를 들면 벽을 따라 한 방향으로 이동하도록 만들자. 기존 프로젝트를 가지고 새로운 인스트럭션으로 AI 컨트롤러를 수정할 수 있는데, 그러면 우리의 AI가 이제 벽을 따라 한 방향으로 무한정 이동하게 된다.
- 세 번째로는 새로운 적 AI 캐릭터를 만들어 우리가 만든 첫 번째 AI인 주인공을 추격하게 하자.

 그러려면 주인공에 추가적인 수정을 넣어 적으로부터 달아날 수 있게 해야 한다.

적 인스트럭션은 단순히 매초마다 주인공 쪽으로 움직이도록 한다.

프로젝트 셋업

언리얼 엔진 4를 열어보자! 이제 새로운 프로젝트 생성의 첫 번째 과정을 시작하겠다.

 이 책에서는 언리얼 엔진 버전 4.6.0을 사용한다. 버전마다 설명이나 UI는 조금씩 다를 수도 있다. 우리는 언리얼 엔진 4를 이용해 우리의 행동 배경에 있는 개념을 제시할 것이므로, 독자 여러분은 사용하는 버전에 따라 책의 설명과 지시를 잘 해석하기 바란다.

캐릭터가 환경 안에서 어떻게 움직이는지 더 쉽게 관찰할 수 있게끔 삼인칭 슈터^Third Person Shooter 템플릿을 이용한다. 다음 과정을 따라 하자.

1. 아직 켜지 않았다면 **New Project** 창으로 간다.

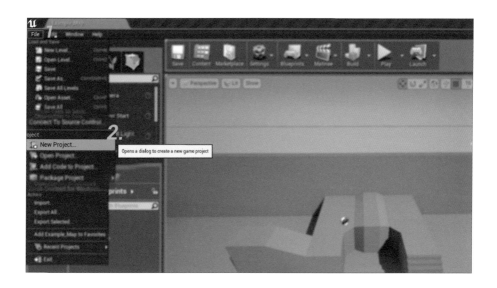

2. Third Person 블루프린트 프로젝트를 선택한다.

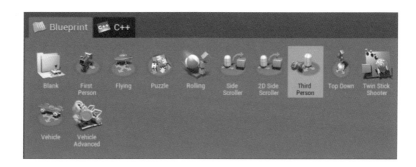

3. 프로젝트에 적당한 이름을 붙인다. 우리는 ImprovedAI라고 이름을 붙였다. 그런 다음, 창의 우측 하단 구석에 있는 **Create Project**를 누른다.

환경

우리는 삼인칭 블루프린트 템플릿을 쓰고 있지만, 이런 기술은 다른 템플릿에도 사용할 수 있다. 따라서 여기에서 배운 내용을 적용해 잘 활용하기 바란다. 그러려면 먼저 이 기술들은 툴이라는 점을 이해해야 한다. 일반적으로 상태state, 센서 컴포넌트sensory component, 내비게이션 컴포넌트navigation component 등을 만드는 방법은 다 비슷한 것처럼 생각하지만, 무엇이 어떻게 이용되는지는 모두 AI 환경에서 지정하는 것이다.

전제 조건

우리(저자들)의 스크린샷에서 창과 기능 이름이 다르다는 점에 주의하자. 편의상 책과 똑같은 셋업을 구성하려면 다음과 같이 우리의 설정과 맞춘다.

1. Editor Preferences의 General ▶ Appearance로 가서 User Interface 밑의 User Small Tool Bar Icons 옵션을 선택하고, Show Friendly Variable Names 옵션을 끈다. 여러분의 설정은 이제 다음 스크린샷처럼 보일 것이다.

2. 프로젝트 안의 Blueprints 폴더로 간다.

3. 이제 폰pawn이 생겼을 것이다. Blueprint 옵션을 우클릭(마우스 오른쪽 버튼 클릭)해블루프린트를 생성한다.

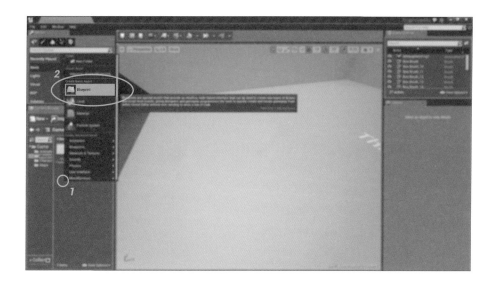

4. 이제 AIController 클래스를 생성할 차례다. Custom Classes로 가서 AIController라고 타이핑한다. 이것을 선택하고 다음 스크린샷처럼 Select를 클릭한다.

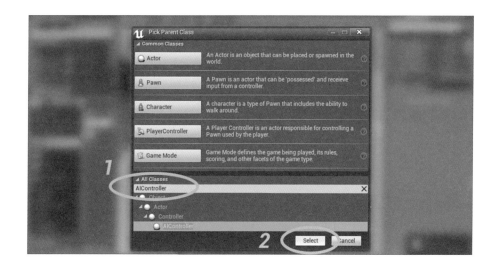

이렇게 하면 블루프린트가 생성되는데, 우리는 여기에 MyController라고 이름을 붙였다.

새로운 AI컨트롤러 클래스 이용하기

한 플레이어가 원하는 어떤 캐릭터든 될 수 있는 것을 눈치챘는가? 이것은 폰과 컨트롤러를 생성하는 계층hierarchy 덕분이다. 컨트롤러는 플레이어가 게임 로비에서 잠시 기다린 다음 상속하는 것으로, 플레이어로부터의 입력과 연결 관리에 활용된다. 이 클래스는 봇의 내비게이션을 돕고 컨트롤러에 비헤이비어 트리를 배정할 수 있도록 하는 추가 기능을 제공한다. 이 예제에서는 AI컨트롤러 클래스의 일부 기본 사항을 다룬다.

AI컨트롤러 클래스 배정

그럼 이제 AI를 생성해야 하므로 `MyCharacter` 베이스에 `MyController` 클래스를 배정하겠다. 그러려면 `MyCharacter` 블루프린트 안에 있는 **Defaults** 섹션으로 가자. 다음 스크린샷처럼 **AIController Class**를 찾아서 `MyController`로 설정하자.

캐릭터가 빙의되지 않았다면 자동으로 AI컨트롤러에 빙의된다. 그러므로 우리가 방금 한 변경으로, `MyCharacter` 블루프린트를 가진 우리의 디폴트 AI컨트롤러 클래스가 `MyController`가 된다.

폰 배정

이 정도 간단한 태스크는 바로 이해했으리라 믿는다! 이제 새로 설정한 폰을 Content Browser에서 끌어다가 밝고 아름다운 월드에 놓아보자.

MyCharacter 블루프린트를 레벨에 끌어다 놓아 폰을 생성한다.

 다음 과정을 생략하면 작업한 내용이 사라지거나 크래시가 일어나는 등 여러 곤란한 일을 겪기 쉽다. 그러므로 레벨에 중요한 변경을 가할 때마다 잊지 말고 File ➤ Save All 로 가서 저장하는 습관을 가지자!

인스트럭션 보내기

이제 프로젝트를 설정해 저장했으면 (용감한 사람들은 저장하지 않았을지도 모르겠다.) 진짜 재미있는 부분인 블루프린트로 들어가보자! 인스트럭션을 보내는 단계는 다음과 같다.

1. Content Browser 안에 있는 `MyController` 블루프린트를 열고 EventGraph를 확대한다.

    그다음에는 우리의 봇을 무작위로 움직이도록 해야 한다. 간단하게 구축할 것이므로 계산은 손으로 할 수 있다.

2. 우선 게임이 구동되면 매 프레임마다 트리거되는 Event Tick 노드를 생성한다.

3. Event Tick에서 신호를 받는 Delay 노드를 추가하고 Duration 핀을 1로 설정한다.

4. 그다음에는 Move To Location 노드를 추가해 `AIController` 클래스에 폰을 명시한 목적지로 이동시키도록 지시한다.

5. 지금은 Path Finding을 이용하지 않고 나중에 손댈 것이므로, MoveToLocation 노드로 가서 bUsePathFinding을 거짓으로 설정하거나 선택하지 않은 채로 둔다.

    `MyController` 클래스에 EventGraph를 추가하면 다음 스크린샷과 비슷하게 보일 것이다.

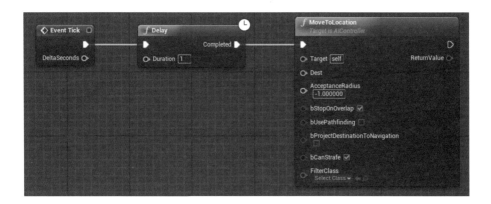

6. MoveToLocation 노드가 준비되면 이제 무작위적인 위치를 넣어줘야 한다. 컨트롤되는 폰의 현재 위치를 찾아서 X와 Y의 변수로 –255부터 255까지의 값 중에서 하나의 값을 무작위로 선택해 추가 벡터로 생성하고, Z는 0.0으로 둔다. 그런 다음, 컨트롤되는 폰의 위치를 방금 생성한 벡터에 추가할 것이다. 이제 블루프린트는 다음 셋업과 같이 보일 것이다.

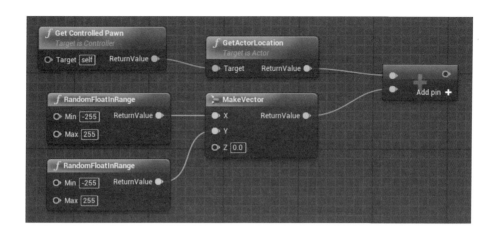

7. 이제 마무리 단계로 가서, 블루프린트의 새로운 무작위 위치를 이미 설정한 MoveToLocation 노드로 이동시키자. 이제 MoveToLocation 노드의 목적지로 두 벡터를 추가한 결과 값을 연결시킨다. 마치고 나면 블루프린트 셋업이 다음 미리보기처럼 보일 것이다.

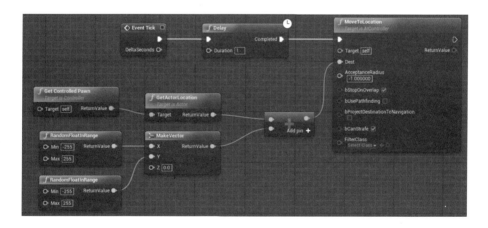

모두 저장하자!

MoveToLocation의 몇 가지 팁

다음은 MoveToLocation에 대한 기본적 팁이다.

- AcceptanceRadius: 완료된 이동의 수용 가능한 범위를 늘려준다. 예컨대 검을 들고서 플레이어를 공격하려는 적이 있다고 가정해보자. AcceptanceRadius 옵션은 적이 타깃으로부터 얼마나 멀리 떨어져 있어야 하는지 (이상적으로는 1미터) 정의하며, 그다음에는 검을 휘두르는 공격 애니메이션을 수행하게 해준다.
- bStopOnOverlap: 봇이 정확한 지점이 아니라 위치가 겹쳐질 때 멈추도록 지시한다. 이렇게 하면 충돌 메시collision mesh가 봇에 부착돼야 하는 지름을 고려하게 된다.
- bUsePathFinding: 이 옵션을 선택하면 봇이 NavMesh 옵션을 이용해 목적지를 찾는다. 선택을 해제하면 봇이 장애물들을 고려하지 않고 단순히 목적지를 향해 직선으로 움직인다. 특수한 상황에서는 이로써 성능을 향상시킬 수 있다.
- bProjectDestinationToNavigation: 이 옵션은 내비게이션 데이터를 이용하기 전에 위치를 예측한다. 따라서 타깃 액터가 있는 장소를 검증하는데, 플레이할 수 있는 영역 안에 존재하는지 검토하는 것이다.
- bCanStrafe: AI가 NavMesh를 대각선으로 가로지를 수 있는지 여부를 결정한다.
- FilterClass: AI의 내비게이션에 영향을 주는 또 다른 내비게이션 컴포넌트인 AreaClass를 이용할 수 있게 해준다. 이 옵션은 NavMesh 영역으로의 접근을 차단하거나 예외적으로 허용하는 등의 변경에 영향을 주고, 내비게이션 비용을 변경한다.

현재 진행 사항 검토

이제 한숨 돌려도 좋지만, 어려운 작업은 아직 시작하지도 않았다.

그럼 지금까지 한 작업을 살펴보자.

- AI 프로젝트를 셋업했다.
- 새로운 AI컨트롤러로 폰을 셋업했다.
- AI컨트롤러를 이용해 폰에게 인스트럭션을 보냈다.

이제 절반 정도 왔다. 이 단순한 셋업으로 모든 인스트럭션을 AI컨트롤러에 넣어서 샘플 콘텐츠로부터 생성한 폰을 조종하도록 했다. AI컨트롤러는 폰에 배정하는 것이므로, 여러 개의 폰이 같은 AI컨트롤러를 공유할 수도 있다.

보다시피, 우리의 AI는 이제 끝없이 달려간다. 완벽하다! 그럼 이 장의 두 번째 부분으로 넘어가보자!

도전 추가

이제 AI 캐릭터에 라인 트레이스$^{\text{line traces}}$를 추가할 것이다. 이미 봤듯이, 트레이스는 폰 앞에 있는 벽을 감지하는 데 이용된다. AI에서 트레이스를 이용하는 예로는 시야$^{\text{Line of Sight}}$ 확인, 표면 회전, 근처의 액터 획득 등이 있다.

언리얼 엔진 레벨 에디터로 돌아가서 Content Browser를 보자.

다음 과정을 수행한다.

1. MyController 블루프린트의 이름을 Hero로 바꾸면, 이 시나리오에서 플레이어의 역할을 하게 된다.
2. Hero 블루프린트를 열고 EventGraph 섹션으로 간다.
3. 이제 Event Tick과 Move to Location을 제외한 모든 노드를 제거한다. 이 노드들은 새로운 블루프린트 스크립트로 대체할 것이다.

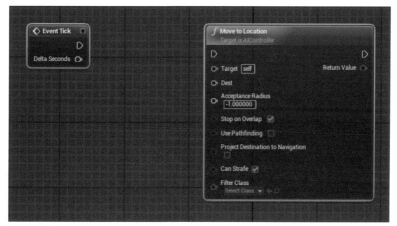

불필요한 노드들을 삭제한 후의 블루프린트

4. Event Tick 노드의 반환 실행 핀에서 Delay 노드를 생성한다.

5. Duration 값을 0.05로 설정해 비교적 빠르게 업데이트되도록 한다.

6. 이제 폰으로부터 라인 트레이스를 생성할 위치를 정해야 한다. 또한 폰의 현재 회전에서 앞으로 있을 충돌이 감지될 때 폰이 올바른 방향을 향하도록 올바른 벡터 값도 사용할 것이다.

7. EventGraph를 우클릭해 Get Controlled Pawn을 찾는다.

8. Get Controlled Pawn의 Return Value 핀에서 Get Actor Location 노드를 당긴다.

9. GetActorLocation의 Return Value 핀에서 벡터를 당긴 다음 비어있는 공간에 놓는다.

10. 다음 스크린샷처럼 Collision 범주 아래에 있는 LineTraceByChannel을 찾는다.

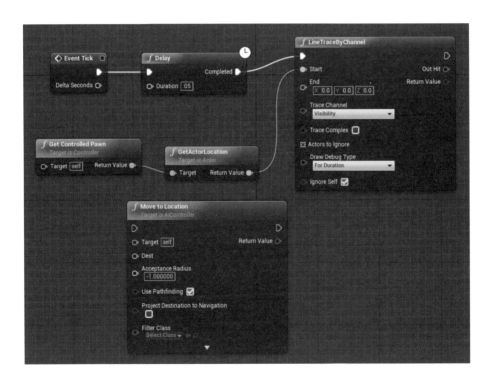

트레이스

플레이어의 위치에서 캐릭터 앞 255 유닛 거리까지를 트레이스에 사용할 것이다. 트레이스와 충돌하는 것이 있으면 폰이 회전하며 정확하게 마주 보게 된다. 이렇게 단순한 체크면 봇이 벽을 따라 무한정 달려가기에 충분하다. 이제 다음 과정을 수행하자.

1. GetActorLocation에서 Return Value 핀을 당겨서 내려놓는다. 그런 다음 Vector + Vector를 찾는다.
2. 이제 Get Controlled Pawn을 선택하고 여기에서 Get Actor Forward Vector를 당긴다. 여기에는 폰 앞에 있는 방향으로 가는 벡터 정보가 담겨 있다.
3. 그럼 Return Value에 255를 곱하겠다. 이것이 액터의 위치에 추가하고자 하는 벡터 값이다. 그러면 폰의 현재 위치에서 전방 255 유닛이 추가된다.
4. 이제 LineTraceByChannel 노드의 End 핀에 결과물을 추가해야 한다. 이렇게 하면 우리의 폰 바로 앞에 트레이스될 것이다.

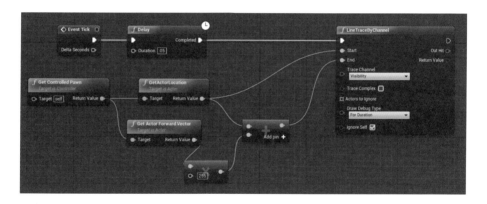

5. Vector + Vector 노드로부터 다시 당겨서, 이번에는 Move to Location 노드의 Dest 핀에 연결한다. 이렇게 하면 캐릭터가 끝없이 전방으로 움직인다.

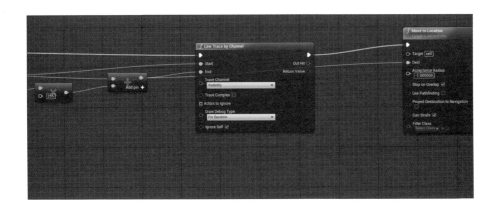

이렇게 한번 해보자! Simulate를 누르고 캐릭터가 끝없이 앞으로 뛰어가는 것을 보자! 단 한 가지 문제는 아직 벽을 피하지 못한다는 점이다. 이 문제는 Line Trace에서 충돌이 감지될 때 다른 방향을 선택하는 Select Vector 노드를 도입하면 바꿀 수 있다.

6. 한 번 더, Get Controlled Pawn 노드에서 당겨서 Get Actor Right Vector를 찾는다.
7. 이 노드에서 벡터를 당겨서 512를 곱한다.

8. 이 값을 폰의 현재 위치에 추가한다. 그러면 이전에 전방으로 달려가게 한 것과 비슷하게 폰의 현재 위치 오른쪽으로 512 유닛이 추가된다.

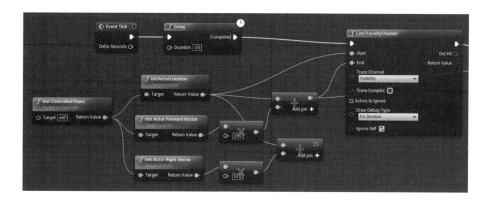

9. EventGraph 섹션을 우클릭하고 Select Vector를 찾는다.

10. LineTraceByChannel 노드에서 Return Value를 당겨서 Select Vector 노드에 연결한다. 그다음 A를 선택한다.

11. 이제 올바른 위치에서 Select Vector 노드의 A로 당긴다.

12. 그다음, 전방 위치에서 Select Vector 노드의 B로 당긴다.

13. Select Vector 노드를 선택하고 Return Value에서 Move to Location의 Dest 핀으로 당긴다.

14. 노드들을 선택하고 코멘트를 생성한다.

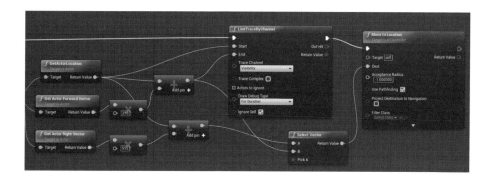

게임에서는 어떻게 보이는지 살펴보자.

완벽하게 작동하는 것 같다! 그럼 이어서 프로젝트에 추격을 추가할 수 있다.

현재 진행 사항 검토

이렇게 우리의 주인공 캐릭터를 만들어냈다. 지금은 무작정 뛰기만 하고 있어서 그다지 주인공답진 않지만, 이 문제는 나중에 해결해보자. 지금까지 변경한 사항은 다음과 같다.

- AI 인스트럭션을 업데이트했다.
- 기본 센서 컴포넌트를 시연했다.

그럼 적 AI 생성으로 넘어가보자.

적 로직

적은 주인공을 찾아서 그쪽으로 뛰어갈 수 있어야 한다. 주인공 캐릭터를 탐색하고, 방향의 차이를 계산하고, 적을 주인공 쪽으로 향하게 하면 된다.

적 AI 추가

언리얼 엔진 레벨 에디터로 돌아가서 Content Browser를 잘 보자. 이제 적이 필요하다. 적을 추가하려면 다음 단계를 실행한다.

1. 우클릭하고 Blueprint를 선택한다.
2. 창의 하단 끝에서 모든 클래스를 펴고 AIController를 찾는다.
3. Controller 아래에 있는 AIController를 선택하고 우측 아래 구석에 있는 Select를 누른다.
4. 이 AIController를 Enemy라고 이름 붙인다.
5. Enemy AI컨트롤러를 열고 EventGraph 섹션으로 간다.

먼저 주인공을 찾고 나서, 로컬 변수로 저장해 언제든 사용할 수 있게 해야 한다. 그러려면 다음을 실행한다.

1. EventGraph 안에 있는 빈 공간을 우클릭하고 Event Begin Play를 찾아본다.
2. 실행 핀을 당겨 Get All Actors Of Class를 찾는다.
3. Actor Class 핀을 Hero로 설정한다.
4. Out Actors 어레이를 당겨서 ForEachLoopWithBreak를 찾는다.

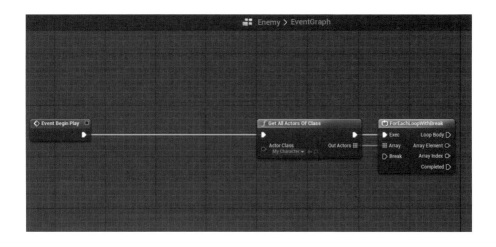

이제 리턴된 MyCharacter 폰 안의 Hero 클래스를 필터링하자. 그러려면 다음을 실행한다.

1. Array Element 핀을 당겨서 Cast to MyCharacter를 찾는다.
2. 그런 다음 As My Character 핀을 당겨서 Get Controller를 찾는다.
3. Get Class 노드를 이용해서 컨트롤러 클래스를 알아낸다.
4. Hero 클래스를 Class = Class 노드와 비교한다.
5. Equal에서 리턴된 값을 당겨서 Branch 노드를 생성한다.
6. Loop Body 핀을 새로 생성된 브랜치에 연결한다.
7. Branch 노드의 True 실행 핀에서 SET 노드를 생성한다.
8. 그런 다음 퓨어 캐스트pure cast에서 방금 생성한 SET 노드로 연결한다.
9. 코멘트를 넣고 이 섹션을 Find Hero라고 부르자.

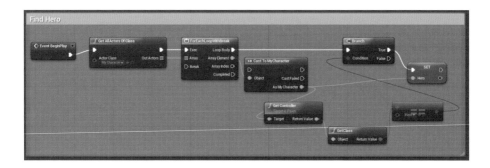

이제 달아나는 주인공 캐릭터 쪽으로 이동하도록 적 인스트럭션이 계속 업데이트된다. Simple Move to Actor, AI Move To 등 이런 것을 직접 해주는 다른 노드들도 있다는 점에 유의하자. 내부에서 어떻게 처리되는지 살펴볼 수 있게끔 비슷한 행동 양식을 적용해보겠다. 다음 과정을 수행한다.

1. EventGraph 섹션에서 우클릭하고 Event Tick을 찾는다.
2. 실행 핀의 드롭다운에서 Delay를 찾는다.
3. Duration 핀을 0.05초로 설정한다.
4. Completed를 당겨서 Move to Location이라는 새로운 노드를 생성한다.

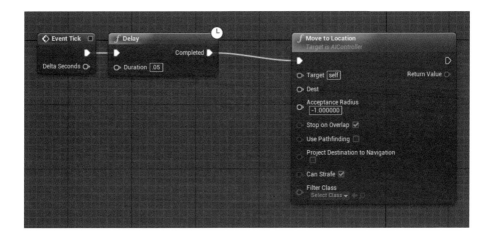

이제 적에게서 주인공으로 향하는 방향을 찾고, 이 방향으로 적이 움직이게 해야 한다. 다음과 같이 하면 된다.

1. Hero 변수를 찾아서 Delay 노드 근처에 놓는다.
2. Hero 변수에서 액터의 위치를 찾는다.
3. GetActorLocation 노드의 Return Value를 당겨서 놓고, Get Direction Vector를 찾는다.
4. 이제 우클릭해서 Get Controlled Pawn을 찾는다.
5. Get Controlled Pawn과 GetActorLocation의 Return Value 핀을 당긴다.

6. 그런 다음 GetActorLocation 노드의 Return Value 핀을 당겨서 Get Direction Vector 노드의 From 핀으로 연결한다.

7. Get Direction Vector 노드와 Make Rot from X의 Return Value 핀을 당긴다.

8. Make Rot From X와 Get Forward Vector에서 당긴다.

9. 이제 Get Forward Vector에 255를 곱해서 전방 벡터 방향으로 255 유닛을 얻는다.

10. 마지막으로, 이 값을 주인공 폰의 GetActorLocation 노드에 추가한다.

11. 이 결과 값은 Move to Location의 목적지가 된다.

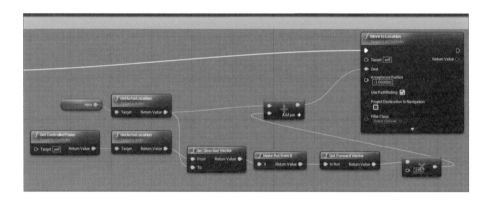

12. 이제 코멘트를 추가하고 Chase Hero라고 이름 붙인다.

모두 저장하자!

이제 Viewport 섹션으로 돌아가서 Simulate를 눌러보자. 그럼 주인공 캐릭터가 전방으로 달려가다가 중간에 장애물이 있는 것을 감지하면 우측으로 방향을 돌리는 모습을 볼 수 있다. 우리의 적 캐릭터는 주인공 캐릭터 뒤를 빠르게 추격한다. 여러분이 주인공 캐릭터의 역할을 한다면 정말 겁이 날 것이다!

요약

이 장에서는 플레이어 혹은 다른 AI를 추격하는 적 AI를 어떻게 만드는지 시연해봤다. 이런 종류의 행동 양식은 도전을 만들어내고 플레이어에게 피드백을 제공해 더 나은 게임 플레이 경험을 만들어낸다. AI는 물론 이보다 훨씬 복잡하게 구성할 수도 있지만, 플레이 경험을 향상시키기 위해 필요할 때만 복잡하게 한다는 원칙이 필요하다. 다음 장에서는 우리의 AI 캐릭터에 무작위성과 확률을 추가해 더 흥미로운 방식으로 행동하도록 만들어본다.

[03] 무작위성과 확률 추가

이 장에서는 정해진 대로만 움직이는 AI에 무작위성과 확률, 캐릭터를 부여하는 데 사용할 수 있는 무작위성과 확률 기술을 소개한다. 먼저 '확률의 기초' 개념을 빠르게 살펴보며 기본적인 개념을 설명한 다음, 스트림stream을 이용해 균일하지 않은 수치 분포를 컨트롤하는 방법을 보여주고, 그 결과를 이용해 확률을 시연한다. 그리고 언리얼 엔진 4에서는 어떻게 사용해야 하는지 살펴본다. 마지막으로, 우리의 AI컨트롤러에 이 기능을 넣어 무작위적으로 액션을 수행하도록 만들 것이다.

이 장에서 다룰 내용은 다음과 같다.

- 확률, 확률 분포, 불균일 분포
- UE4에서 랜덤 스트림RandomStream을 사용해 우리의 AI에 무작위성 추가
- 적 AI의 상태에 무작위 비헤이비어 추가

확률 개요

어떤 일은 일어나게 마련이지만, 얼마나 자주 일어날까? 이런 사고가 바로 확률을 정량화하는 방법이며, 결과의 빈도를 제어하는 데에도 이 방법을 쓸 것이다. 가령 100원짜리 동전을 던진다고 가정해보자. 그러면 앞면(H)이 나올 수도 있지만, 뒷면(T)이 나올 수도 있다. 앞면이 나올 확률을 P (H) = ?라고 해보자.

지금은 앞면이 얼마나 자주 나올지 모르지만, 분명히 앞면이 나올 것이라는 점은 알고 있다. 얼마나 자주 나올지 알아내려면 먼저 우리의 조건, 즉 앞면인 1을 만족시키

는 가능한 결과의 수를 구해야 한다. 그런 다음, 뒷면인 2가 나오는 사건도 일어날 수 있으므로 이를 만족시키는 결과의 수도 구해야 한다. 그럼 이제 이것을 확률 공식에 적용해보자.

조건을 만족시킬 가능 횟수 / 마찬가지로 다른 조건을 만족시킬 가능 횟수

기본적인 수학을 적용해보면 확률은 50%로 나온다.

$$P(H) = 1/2 = 50\%$$

다시 말해 동전을 100만 번, 혹은 10억 번 던진다고 할 때, 더 많이 던지면 던질수록 앞면이 나오는 횟수와 뒷면이 나오는 횟수는 각각 50%에 가까워진다. 이것은 실행하려는 기능의 확률을 제어하려고 할 때 유용한 공식이다.

우리의 예에서는 복권 타입의 확률을 알아보자. 골드를 얻을 확률이 20%라면, 십진법으로는 0.2가 된다. 이제 0에서 1까지의 무작위 숫자를 생성하는데, 0.19가 나오면 돈을 받게 된다! 다시 굴려서 0.57이 나오면 돈을 받지 못한다!

이것은 AI의 실행 플로우를 제어하는 데 사용하는 몇 가지 방법 중 하나다. 또한 특정 AI의 특성에 직결되는 다른 행동 양식에도 적용할 수 있는데, 이렇게 하면 캐릭터의 클래스에 따라 특정 몬스터들을 더 잘 잡을 수 있게 된다.

확률적 분포

숫자가 확률적으로 분포하면 똑같이 제한된 수의 결과가 나온다는 것을 알 수 있다. 그러므로 많은 무기를 떨어뜨리는 몬스터가 있을 때는 확률적 분포를 사용한다. 몬스터가 죽었을 때 모든 무기를 전부 떨어뜨리는 것은 바람직하지 않기 때문이다. 하지만 떨어뜨리는 무기의 숫자를 제한하는 간단한 규칙을 적용한다면 희귀한 검이 떨어지는 횟수와 동일한 횟수만큼 아무도 원치 않는 회색 검도 떨어지게 된다.

무기 선정에 확률적 분포를 적용할 때는 다음과 같이 하면 된다. 폐품급부터 일반급 아이템이 떨어질 확률은 50%, 일반급에서 고급 아이템은 35%, 희귀 아이템은 15%로 정한다. 이제 얻을 수 있는 무기의 수를 무작위로 생성하면, 각각의 아이템은 확률 분포적으로 생성된다.

불균일 분포

숫자가 불균일하게 분포하면 제한된 결과치를 알 수 없게 된다. 즉 0에서 1까지가 생성된다는 것은 알지만, 0이나 1이 생성될 가능성이 높은지는 알 수 없는 것이다. 그러므로 예측할 수 없는 시나리오를 만들기에 이상적이다. UE4에는 랜덤과 랜덤 스트림 툴이 있다. 둘의 차이는 무작위 출력 값을 생성하는 시드seed를 컨트롤할 수 있는가 없는가에 있다.

다시 말하면, 불균일 분포는 똑같이 일어나지 않는 무작위적인 횟수를 생성한다. 정말로 무작위적인 행동 양식을 모사할 수는 있지만 시간과 효율이 떨어지게 되는 것이다. 그래서 무작위적인 숫자를 생성하는 알고리즘이 생겼는데, UE4에서는 바로 랜덤 스트림RandomStream이 무작위적인 숫자를 생성해준다.

언리얼 엔진 4의 랜덤 스트림

무작위로 생성되는 나무를 만들었다고 가정해보자. UE4 툴에서 무작위 노드를 이용하면 이 정보는 게임에서 나가자마자 사라진다. 하지만 랜덤 스트림은 무작위적인 출력을 생성했던 시드를 실제로 저장해서, 해당 시드를 호출하면 똑같은 무작위적 출력을 로딩한다. 그래서 UE4에는 랜덤 스트림 만들기Make RandomStream라는 블루프린트가 있다. 이 노드에는 초기 시드Initial Seed라는 입력 핀 하나가 있다.

이 시드를 이용하는 이유는 이것이 모조 무작위 숫자 생성기 역할을 하기 때문이다. 즉 이 숫자들은 계산된 확정 값이다. 모조라고 부르는 이유는 무작위성을 계산하는 알고리즘을 이용하긴 하지만, 무작위성을 계산함으로써 실제로 미리 어떤 숫자가 나올지 알게 되며, 따라서 이 숫자는 확정적이 되기 때문이다. 진정한 무작위성이라면 숲, 폭포, 대기, 심지어 TV 채널 같은 노이즈까지 포착하게 될 텐데, 랜덤 스트림은 이와는 다르다. 진정한 무작위성은 살면서 일어나는 많은 일들처럼, 포착되는 노이즈가 한 번이라도 반복될 가능성은 없이 무한정 무작위적이 되기 때문에 이를 수용할 수는 없다. 연산을 통하면 아주 작은 단점은 있지만 이런 무작위적 현상을 흉내 낼 수 있게 된다. 처음에 컴퓨터가 탄생했을 때는 메모리가 굉장히 중요했고, 지금까지도 이 사실은 변치 않았다. 하지만 지금 시점에서는 노이즈를 저장하는 대신 알고리즘으로 이를 대체하고, 대신 우리에게 좀 더 친숙한 키나 시드를 활용한다. 이것을 키로 간주하는 이유는 서로 다른 컴퓨터를 사용하는 두 사람이 똑같은 무작위의 숫자를 생성할 수 있기 때문이다.

기술적으로 시드 길이를 기하급수적으로 크게 늘린다면 사실상 무한대로 무작위적이 될 것이다. 실제 삶에는 정해진 끝이 없지만, 게임에는 유한한 엔딩이 있다는 점을 알기에 이 점을 반영해야 한다. 그래서 UE4에서는 시드의 무작위화가 계산되는 숫자의 무작위성과 직결된다. 우리는 이런 식으로 예측할 수 없는 무작위성을 만들어낸다.

플랜

2장, '기본 AI 생성'의 끝부분에 이어서 우리의 두 AI컨트롤러들을 변경해보자. 지난 2장에서는 적이 주인공을 무한정 추격하도록 설정했었다. 이 장에서는 적 AI에 또 다른 상태를 넣어서, 우리로부터 달아나거나 우리 쪽으로 달려올 수 있도록 만들 것이다. 즉 적을 마주치고 충격받을 확률에 따라 적이 우리를 공격하거나 달아나도록 하는 것이다.

그럼 시작해보자!

배회 추가

이제 AI에 세 가지 상태를 정의하겠다. 그러면 다른 상태에서의 액션을 명시하는 것이 더 쉬워질 것이다. 첫 번째로 추가할 상태는 배회로, AI가 무작위적으로 무한정 움직이게 하는 것이다. 이것이 AI의 초기 상태가 될 것이며, 일단 우리가 AI에게 다가가면 다른 상태들로 전환하게 된다. 나머지 두 개의 상태는 우리가 AI에게 부여할 두 가지 반응으로, 우리가 AI에게 다가갈 때 AI가 달아나거나 공격할 기회를 주면 된다. 이 두 가지 기회는 우리가 결정해 블루프린트에서 생성하는 확률이다.

프로젝트 셋업

이제 언리얼 엔진 4를 열고 다음 과정을 수행하자.

1. 먼저, 적이 배회하는 겁먹은 몬스터처럼 행동하도록 바꿔야 한다. Enemy AI컨트롤러를 더블클릭한다. 그리고 Event Graph로 가서 줌인한다.

2. State에 새로운 변수를 생성하고 이를 Integer로 만들자.

3. 다음으로는 Find Hero 스크립트를 주인공을 찾도록 변경해야 한다. 또한 주인공을 추격하는 블루프린트는 그대로 유지해야 한다. 이 블루프린트는 추격하거나 그 반대로 겁먹어 도망칠 때 이용할 것이다. 그럼 스크립트 작업을 시작해보자.

4. 스크립트 처음에 있는 Event Begin Play를 삭제한다. 그런 다음, Chase Hero 스크립트에서 Event Tick을 당긴다.

5. Chase Hero 스크립트의 Event Tick 노드 다음에 오는 Delay 노드를 Switch on Int 노드로 대체한다. 그런 다음, State 변수를 당겨서 Selection 값 핀에 연결한다.

 Switch on Int는 매우 유용한 기능이다. 우리는 다음 인덱스로 넘어가기 전에 여러 번 반복해야 하는 작업을 대체하기 위해 이 기능을 수없이 활용했다.

6. 이제 AI는 State에 따라 계속해서 틱을 실행한다. 다른 스크립트들도 실행되며, 중간에 전환될 수도 있는데 이것은 유한 상태 기계 기반으로 이뤄진다.

7. 이제는 두 개의 스크립트를 Switch on Int 노드에 결합해보자. Find Hero 스크립트를 노드의 인덱스 0에 연결하고 나서, 노드의 인덱스 1을 Chase Hero 스크립트에 연결한다. Ctrl을 누르고 인덱스 0을 클릭하면 인덱스 0이 Get All Actors Of Class에 연결된 다음, Move to Location이 인덱스 1로 옮겨진다.

8. 그럼 이제 Get All Actors Of Class에 있는 액터 요소들의 거리를 확인해야 하며, 그다음 액터가 범위 안에 있으면 이 액터를 공격하거나 달아날 전환의 확률을 정한다.

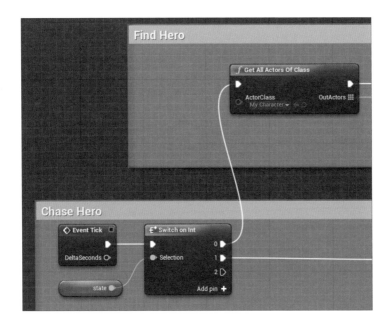

9. 이제 ForEachLoopWithBreak를 중앙에 놓고, 현재 Get Horizontal Distance To 노드를 이용해 액터 요소의 거리를 확인하자. 이 노드와 Get Controlled Pawn을 배치하고 이를 Get Horizontal Distance To의 Target 핀에 연결한다.

10. Array Element 핀을 Get Horizontal Distance To의 Other Actor에 연결한다. 액터에 우리가 원하는 거리는 512 유닛이다. 그러므로 Return Value를 당겨서 미만(<) 기호를 입력하고 512와 비교한다. 한 번 더 강조하지만, 우리가 원하는 것은 자신으로부터 달아나지 않도록 하는 것이다.

11. Array Element 노드를 Not Equal 노드를 이용해 Get Controlled Pawn과 비교한다. 그다음 AND 게이트 노드를 생성해 둘을 불리언 결과에 합친다. AND 게이트 노드의 결과에서 Branch 노드를 생성한다. 이 Branch 노드는 Get Horizontal Distance To 다음에 와야 한다.

확률 생성

우리가 생성하려는 블루프린트 스크립트는 단순하지만 효과적으로 확률을 보여준다. 이 시스템은 0-1 범위로 변하는 단순한 복권식 확률의 개념을 활용한 것이다. 그러므로 이 기능에서 TRUE가 리턴될 가능성을 먼저 정해야 한다. 그다음에는 공이 회전할 범위를 결정해야 하는데, 기본값은 1이다. 나머지는 스크립트에 맡겨두면 된다. 이제 스크립트가 변경된 가중치를 구하고 수치 범위를 낸 후에 오프셋을 계산한다. 여기서부터는 확률 범위를 Chance Weight로 계산하겠다. 그런 다음, 우리 Number Span의 범위 내에서 무작위의 숫자를 생성해 우리가 전에 결정한 확률 범위 내에 있는지 확인할 것이다. 이 작은 변화가 확률을 좀 더 예측하기 어렵게 만들어준다. 다음 그림은 정해진 확률 범위 내의 무작위 값을 확인하는 단순한 복권 확률 스크립트다.

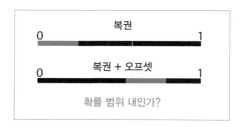

두 번째 Lottery의 Offset은 참이 된다는 점에 유의하자. 이 다음 번에는 확률 범위가 없으므로 새로운 무작위 값이 계산된다.

랜덤 스트림의 불균일 분포

첫 번째로 해야 할 것은 랜덤 스트림의 초기화다. Make RandomStream 노드를 만들어서 초기 시드 핀에 무작위 정수 범위를 넣으면 된다. 랜덤 스트림은 무작위적인 출력 생성을 컨트롤할 수 있게 해준다. 랜덤 스트림 내의 시드를 변경하지 않으면 계속해서 똑같은 결과를 내놓게 된다. 그러므로 이 점에 유의해서 스트림 내의 시드를 계속 리셋해 무작위적인 출력이 변경되도록 해야 한다. 다음 과정을 수행한다.

1. 다시 적 AI컨트롤러로 돌아가서 Range와 Max 값이 65535인 Random Integer를 생성한다. 그런 다음 Return Value를 당겨서 `Make RandomStream`이라고 타이핑한다.

2. 이제 랜덤 스트림을 업데이트할 변수들을 생성해야 한다. Offset 플로트를 생성해 디폴트 값을 0으로 넣는다. 그런 다음, ChanceWeight 플로트를 생성해 디폴트 값을 0.25로 넣는다. Max N 플로트를 생성해 디폴트 값을 1로 넣는다.

3. 이어서 Event Begin Play를 생성한다. Offset 변수에서 끌어서 SET 노드를 하나 만든다. Event Begin Play의 실행 핀에서 방금 만든 SET 노드로 끌어온다. 그다음에는 Random Float in Range from Stream을 생성해 Return Value에서 Offset 플로트로 당긴다.

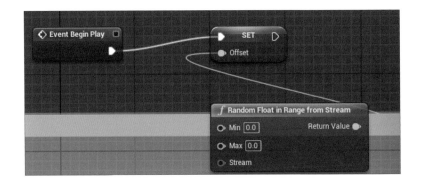

4. 이제 랜덤 스트림을 이 노드에 꽂고, Max N 변수를 Random Float in Range from Stream의 Max 플로트에 연결해야 한다. 이렇게 하면 이제 게임 시작 시 무작위로 오프셋이 생긴다.

5. 이제 확률 스크립트를 시작해보자. 그런 다음, Random Float in Range from Stream을 생성해 Return Value에서 Offset 플로트로 당긴다. 그다음 여기에서 두 개의 노드를 생성해 Return Value와 비교하자. 이 값이 리턴된 값보다 큰지 작은지 확인하기 위해서다. 그런 다음, 핀을 당겨 AND 로직 게이트를 생성한다. 마지막으로, 다른 불리언을 당겨 비교한다.

6. 그다음에는 AND의 결과를 새로운 Branch 노드로 당긴다. 다음으로 해야 할 것은 Offset을 이용해 우리가 계산한 Lottery Probability Range의 무작위적 결과를 비교하는 것이다.

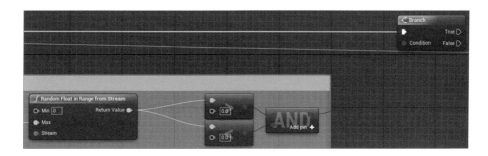

7. 그럼 변수로부터 Offset을 얻어보자. 이것을 모듈로(%)에 넣은 다음, 더 큼(〉) 비교 노드에 연결해야 한다.

8. 그다음에는 변수로부터 ChanceWeight를 얻어야 한다. 이어서 이 수치를 Max N 값으로 곱해 확률 범위를 계산할 것이다. 다음 단계의 두 가지는 이 계산의 결과로 처리할 것이다.

9. 먼저, Max N 값과 결과 값의 차이를 얻어야 한다. 이어서 이 값을 모듈로(%)에 연결할 것이다.

10. 다음으로는 모듈로(%)의 결과에 확률 범위를 더해야 한다. 그다음, 이 값을 클램프에 안전하게 연결할 것이다. Min 값을 0으로, Max는 Max N으로 설정할 것이다. 이 클램프의 결과는 다음 그림처럼 더 작음(〈) 비교 노드에 플러그된다.

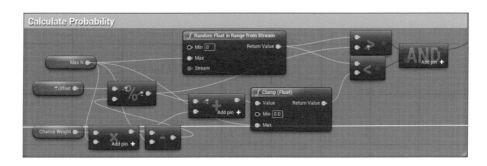

전환 생성

전환은 AI의 환경에서 인식되는 적절한 액션의 적용을 돕는다. 또한 실행 플로우를 계속해주는데, 이것이 유한 상태 기계가 특별한 점이다. 달아나기나 공격하기 상태로의 전환을 통해 이를 우리의 프로젝트에 적용하면, 잠시 후에 달아날 것인지 계속 공격할 것인지 계산하게 된다. 적이 발견되지 않으면 AI는 다시 배회하는 상태로 전환된다. 다음 단계를 실행하자.

1. 마지막으로 생성한 Branch 노드에서 Branch 노드의 TRUE 핀의 State 변수를 설정하자. 그런 다음, Branch 노드의 False 핀의 State 변수를 설정할 것이다. 그러고 나서 True Set State 변수를 1로, 그다음 False Set State 변수를 2로 설정하자.

2. 그런 다음, Hero 변수의 이름을 Target으로 바꿔서 알아보기 쉽게 만들자. 그다음에는 Target을 두 개의 서로 다른 Set State 변수에 따라 설정해야 한다.

3. 이제 두 Set State 변수 노드를 모두 Set Target 변수 노드에 연결해야 한다. Set Target 노드는 Break the ForEachLoopWithBreak로 설정돼야 한다.

4. 이제는 랜덤 스트림을 리셋해보자. 줌 아웃해서 Event Tick 노드를 찾아보자. 거기에서 핀을 당겨 Switch on Int 사이의 Sequence를 생성하자.

5. Sequence 노드의 then_1에서 0.2초의 Duration으로 Delay를 만들자. 그다음, Make Random Steam의 Return Value를 당겨서 Reset Random Stream을 찾는다. 이렇게 하면 스트림이 리셋되며, 우리가 한 것처럼 Range에 Random Integer가 있으면 리셋될 때마다 새로운 무작위의 Int를 생성하게 된다.

6. 이것을 Delay 다음에 플러그해서 리셋이 매초마다 일어나도록 만든다. 그런 다음, 리셋에 당겨서 이전 단계의 Event에서 생성했던 SET 노드의 offset 변수로 연결하자.

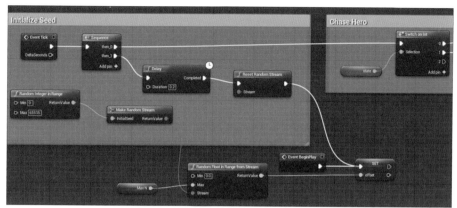

무작위 값에 오프셋 설정

7. 이제 Switch on Int 노드의 인덱스 1에서 당겨서 새로운 Sequence 노드를 생성하자. 그런 다음, Switch on Int 노드의 인덱스 2를 이전 Sequence 노드로 연결한다.

8. 이제 Sequence 노드의 Then 1에서 당겨서 Delay 노드를 하나 생성하자. 이 노드는 우리의 AI를 다시 배회하는 상태로 전환해 다시 적을 감지할 수 있게 해줄 것이다.

9. 그리고 나서 Random Float in Range from Stream을 생성해 Stream을 이전에 만들어뒀던 Random Stream에 연결하자. 그다음에는 Min 값을 3으로, Max 값은 5로 설정한다.

10. Delay 노드 다음에는 State 변수를 0으로 설정한다. 그런 다음, Target을 설정하지 않는다.

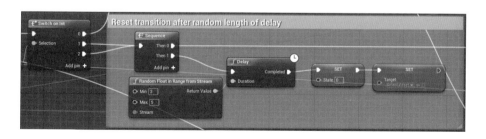

달아나기와 공격

이제 이전에 만든 것에 작은 변경을 추가해서 캐릭터가 타깃 쪽으로 가는 것이 아니라 달아나는 것을 만들어본다. 기본적으로 AI가 다양한 시뮬레이션에서 반응할 확률을 보여줄 것이다. 다음 과정을 수행한다.

1. State 변수를 구한다. 그런 다음, 여기에서 1을 빼서 0이나 1의 인덱스를 얻는다. 그다음, Select 노드를 하나 생성해서 이 노드에 뺀 결과를 플러그한다.
2. 그러고 나면 Option 0을 1로, Option 1은 –1로 설정해야 한다. 이렇게 하면 캐릭터가 타깃에게 달려가거나 타깃으로부터 달아나게 된다. 이제 Get Direction Vector 노드에 줌인해보자.
3. 이제 Return Value에 Get Direction Vector 노드의 결과를 곱하자. 먼저 정수를 플로트로 전환해야 한다. 그런 다음, 이것을 벡터로 곱한다. 그다음에는 벡터를 다시 Make Rot from X로 당긴다.

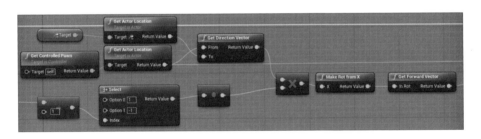

다시 액션으로

이제 하단의 적 이벤트 그래프를 보자. 우리의 AI가 배회하도록 적용해야 한다. 다음 과정을 수행한다.

1. 먼저 Get Controlled Pawn을 찾는다.
2. 그다음으로는 컨트롤되는 폰에서 Get Actor Location을 실행해야 한다. 그다음, 여기에서 리턴되는 벡터는 Vector + Vector 노드에 고정할 것이다.
3. 그러고 나선 Random Unit Vector 노드를 하나 생성해 각 축마다 0–1의 무작위 벡터를 생성해야 한다.

4. Stream 변수를 다시 당겨서 Random Float in Range from Stream을 생성해야 한다. Min 값을 -550으로, Max는 550으로 설정한다. 그런 다음, 여기에서 리턴되는 값에 Random Unit Vector를 곱해야 한다.

5. 마지막으로, 곱한 벡터를 2단계에서 생성한 Vector + Vector 노드에 추가한다.

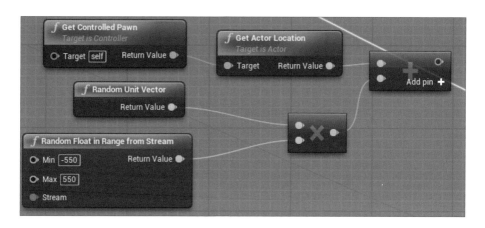

6. 이제 Vector + Vector 노드의 결과를 가지고 Move to Location 노드를 하나 생성해 빙의된 폰을 벡터의 Move to Location으로 이동하도록 지시해야 한다.

7. 반경 안의 액터를 확인하는 첫 번째 상태를 한번 보자. ForEachLoopWithBreak가 완료되고 나면, Move to Location을 실행해야 한다. 그러면 이것을 당겨서 먼저 DoOnce를 생성한다.

8. 봇이 계속해서 바로 한 장소로 이동하도록 만드는 것이 아니라 무작위로 이동을 지연시키는 편이 더 많으므로 이렇게 하는 것이다. 그럼 이제 Completed 핀을 Move to Location에 연결한다.

9. 여기서부터는 새로운 이벤트를 배정하고 싶다. 이 이벤트는 무작위적인 지연 후에 DoOnce를 리셋할 것이다. 그러므로 Event Begin Play 다음에 Assign MoveCompleted를 생성해야 한다.

10. RecieveMoveCompeted_Event에서 Delay 노드를 하나 생성한다. Duration 노드에서 당겨서 Random Float in Range from Stream을 찾아야 한다. Min 값을 2로, Max 값은 5로 설정해야 한다.

**11. ** Delay 노드가 생성된 다음에는 이것을 7단계에서 생성한 DoOnce 노드의 Reset에
연결해야 한다.

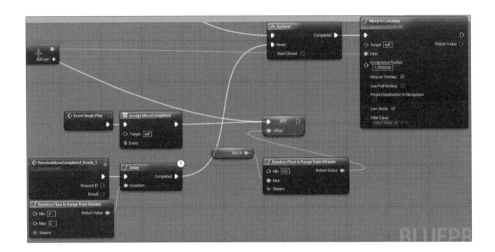

결과!

이제 우리의 AI가 달아날 확률을 설정할 수 있게 됐다. 이 확률 스크립트는 확률 범위
의 무작위 변형 오프셋으로 덜 예측 가능하게 짜여져 있다. 어떤 시점에든 필요한 상
태 간의 전환을 일으키는 유한 상태 기계를 생성함으로써 이렇게 할 수 있었다. 그러
므로 이제 우리가 배회하는 AI에게 다가가서 일단 범위 안에 들어가면 해당 AI가 우
리를 공격하거나 달아나게 된다. 달아날 확률은 디폴트로 25%다. AI가 달아나면 타
이머는 봇의 상태 시작으로 리셋된다. 몇 초 뒤에 AI는 배회하는 상태로 돌아간다.

요약

3장에서는 무작위성과 확률, 그리고 이를 정량화할 수 있는 방법을 배웠고, 언리얼 엔진의 툴을 이용해 이런 이론을 적용해봤다. 모조 숫자 생성기를 이용해 이 점을 이해했고, 시드에 의해 정의된 제한된 범위 내에서 무작위성을 계산해봤다. 이런 비획일적 숫자들을 이용해 확률 기능을 생성함으로써 AI가 공격하거나 달아나게 만들 수 있다. 또한 AI의 상태를 생성하는 설정 작업 동안에 FSM을 생성하는 법도 배웠다.

다음 장에서는 우리 게임의 폰을 이동하게 만드는 다양한 기법들을 알아보자. 길 찾기^{Path Fidning}, 내비게이션 메시^{Navigation Mesh}, EQS, 그 외에 이동에 직접적인 영향을 주는 컴포넌트들을 다룰 것이다.

[04 이동 도입

이 장에서는 언리얼 엔진 4에서 우리의 AI 캐릭터들에 이동을 도입하는 법을 배운다. 또한 우리의 캐릭터가 2D 평면 위의 한 점으로 찾아가도록 지시해주는 기본 알고리즘을 살펴본다. 우리의 AI가 정해진 경로로 길을 찾도록 도와주는 다른 툴도 사용해볼 것이다.

이 장에서는 다음 주제들을 다룬다.

- 길 찾기[Path Finding]
- 내비 메시[NavMesh]
- 내비게이션과 내비게이션 모디파이어
- 블루프린트 내비게이션 노드

개요

이 장의 주된 목표는 이동이다. 어떻게 이동을 만들어내거나 다른 툴을 이용해 이동을 도입할지는 꼭 질문해야 하는 문제다. 이제 AI에 활용하는 일부 툴에 대해 적응을 마쳤으니, AI의 가장 흔한 액션인 이동을 만들 차례다. 우리가 AI 이동 도입에 이용할 시스템은 '길 찾기'라는 것이다.

길 찾기는 공간 내에 통과할 수 있도록 지정된 위치들을 지정하는 방식으로 작동한다. 이 시작과 끝 지점이 두 지점 간의 가장 짧은 경로를 계산하는 기능에 입력되고, 알고리즘에서는 오브젝트나 액터에 의해 막혀 있는지 등의 상대적 위치 정보를 사용해 해당 위치를 통과하지 못하게 되는 일을 방지한다. 다이내믹하게 이동하는 오브젝트들이 있는 월드에서 경로를 생성하는 데에는 아주 유용한 기능이다.

길 찾기

길 찾기는 연동해서 작동하는 다양한 컴포넌트들의 작동으로 구분된다. 첫 번째 컴포넌트 NavMesh는 통과할 수 있는 경로를 나타낸다. 내비 메시를 생성하는 컴포넌트가 이것 하나뿐인 것은 아니지만, 가장 흔하게 내비 메시를 표현하는 데 쓰이는 것도 사실이다. 또 다른 컴포넌트는 NavMeshModifiers며 다양한 목적에 부합한다. 몇 가지만 예로 들면 다음과 같다.

- 영향 매핑Influence Mapping: 내비 메시 위의 위치에 기반한 AI 입력 정보를 피드할 수 있게 해준다.
- 허용되지 않은 길Null Paths: 내비 메시에서 영역들을 잘라낼 수 있게 해준다.
- 허용된 길Allowed Paths: 내비 메시에서 이 영역을 내비게이션할 수 있도록 허용되지 않은 AI를 막아준다.

A* 알고리즘

길 찾기 시스템의 핵심에는 내비 메시 두 지점 간의 가장 가까운 길을 계산하는 알고리즘이 있다. 두 지점 간의 최단 경로를 찾는 딕스트라Dijkstra 알고리즘은 컴퓨터공학자 에스거 딕스트라의 이름을 딴 것으로, 1956년에 고안돼 1959년 출판됐다. 언급할 만한 몇 가지 길 찾기 알고리즘이 있지만, 게임에서 가장 흔히 이용되는 것은 딕스트라 알고리즘의 변형인 A* 알고리즘이다. A*는 통과할 수 있는 지점들의 목록에 의해 작동하며, 시작 지점에서 가능한 각 방향으로 최단 경로를 찾는다. 이 경로는 짐작한 값으로 결정할 수 있는데, 사전 정의된 규칙에 따라 다음 지점까지 이동하는 데 비용cost이 얼마나 드는지 알려준다. A*에서는 한 지점에서 탐험 비용이 가장 적은 다른 지점으로 이동한다. 두 알고리즘의 차이는 A*는 짐작한 값을 사용해 경로 결정에 영향을 준다는 점이다. 짐작한 값은 가능한 다음 지점으로 이동하는 비용을 예측하는 데 지장을 준다. 경로를 생성한 후에는 다음으로 가장 낮은 짐작한 값을 찾게 된다. 그러므로 짐작 값을 0으로 설정하면 이 알고리즘은 딕스트라 알고리즘과 같아진다. 딕스트라 알고리즘은 더 많은 노드를 스캔하며, 대개 통과하는 경로의 비용을 예측하지 않으므로 덜 효율적이다.

다음 그리드를 예로 살펴보자.

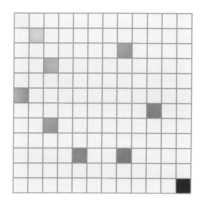

딕스트라 알고리즘은 모든 가능한 지점을 고려한다. 이 예제에서는 상단 제일 왼쪽 모서리에서 시작해 하단 오른쪽 모서리로 가려 하는데, 인접한 모든 노드는 지나갈 수 있는 곳으로 고려된다. 다음 과정을 수행해보자.

1. 알고리즘은 가능한 모든 노드를 스캔하며, 발견된 가장 짧은 경로를 기록한다. 다른 회색조의 노드들은 알고리즘이 경로를 찾기 위해 다른 위치들을 탐색하는 것을 의미한다.

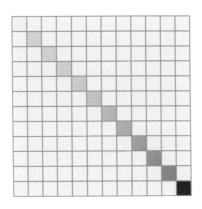

2. 목표를 찾고 나면 거꾸로 진행하는 시퀀스를 액션에 넣어서 경로를 만들어낸다.

여기에는 많은 단계가 관여되므로, A*에는 짐작법이 적용되는 것이다. 각 노드를 다 찾는 대신, 우리는 현재 경로에서 목표까지의 최단 거리를 계속 찾는다.

A*의 예는 다음 그리드에서 볼 수 있다. 이 알고리즘은 첫 번째 노드(상단 왼쪽 모서리)에서 시작해 인접한 노드들을 스캔함으로써 이동 비용을 계산한다. 가장 낮은 비용의 노드가 선택되며, 선택되지 않은 노드들은 스캔된 노드들의 목록에 들어간다. 이렇게 하면 쿼리에서 이 노드들을 다시 체크하는 일을 피할 수 있다.

1단계에서 인접 노드들은 스캔된 후 짐작한 값이나 경로 비용에 대조돼 다음의 최적 단계를 결정하게 된다. 그 결과는 (장애물이 없는 경우) 직선으로 나온다.

다른 알고리즘도 가능하지만, A*는 적용하기 쉽고 리소스가 많이 들지 않으므로 게임 엔진에서 그리드상에 있는 두 지점 간의 경로를 만들어내는 데 흔히 적용된다.

내비게이션 메시

언리얼 엔진 4의 내비게이션 메시는 엔진에 우리가 이동할 수 있는 경로를 생성해야 한다는 것을 알려주며, 이를 통해 우리의 AI에 더 정확한 경로를 생성함으로써 최적 화할 수 있다. 앞으로 내비게이션 메시는 대부분의 게임 개발자에게 더 친숙한 표현 인 '내비 메시'라고 줄여서 부르겠다. 언리얼 엔진을 열고 Volumes 하위의 Modes 패 널을 찾아가면 NavMeshBoundsVolume을 볼 수 있다. 이것이 지오메트리를 덮어서 내 비 메시를 생성하는 데 이용할 볼륨이다. 어떤 모습인지는 다음 샘플을 참고하자. 내 비 메시가 생성한 녹색 메시가 보이지 않는다면, 화면의 Show 메뉴에서 Navigation 옵 션(단축키는 P)을 체크했는지 확인하자.

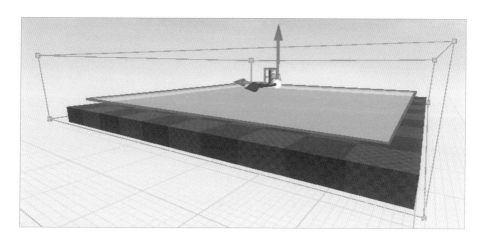

리캐스트 내비 메시

각 레벨마다 월드 아웃라이너World Outliner 안에 RecastNavMesh-Default라는 노드가 하 나씩 있는 것을 볼 수 있다. 체크하면 레벨 내에서 내비 메시에 영향을 주는 기본 옵 션을 볼 수 있다.

Generation으로 내려가면, 여기에서 원하는 대로 조정을 시작할 수 있다. 런타임으로 리빌드할 때 성능을 높이고 싶거나, 에이전트의 이동을 더 정확하게 만들고 싶다면 다음 값들을 최적화해보자.

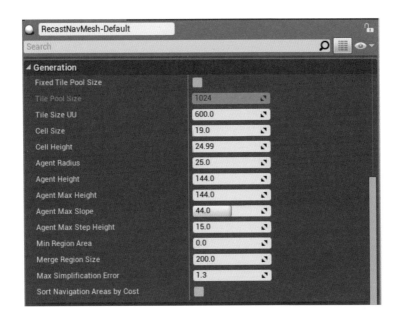

성능에 어떤 영향을 미치는지 이해하기 쉽도록 몇 가지 속성을 간단히 살펴보면서 어떤 역할을 하는지 설명한다. RecastNavMesh에서 가장 중요한 몇 가지 속성부터 소개한다.

- Cell Size: 기본적으로 3D 픽셀인 2D 사이즈의 복셀voxel로, 내비게이션할 공간을 나타낸다. 복셀의 바닥 영역으로서 내비 메시의 해상도와 직결되며, 사이즈가 작을수록 복셀이 더 생성돼 이동의 정확성이 높아진다. 하지만 똑같은 이유로 내비 메시가 생성되는 동안에는 성능이 저하된다.
- Cell Height: 복셀의 높이다. 이 값은 Agent Max Step Height와 연관되며, 해당 값의 절반으로 유지하는 것이 바람직하다. 내비 메시는 Cell Height 값이 최소 Agent Max Step Height보다 0.1 미만이 아니면 생성되지 않는다.

- **Tile Size UU**: 이 값이 낮을 경우 내비 메시 생성 시 성능이 높아진다. 확인하려면 **Draw Poly Edges**를 켜보자.
- **Agent settings**(Radius, Height, Max Height, Max Slope, Max Step Height): 에이전트에 따라 달라지며, 이에 맞게 명시해야 한다.
- **Min Region Area**: 내비 메시 생성에서 발생한 결함처럼 보이는 것을 제거한다. 사소한 것이므로 내비게이션에 문제를 일으키지는 않는다.

중간에 장애물이 있어서 내비 메시가 장애물 위로 생성되지 않을 때는 이 오브젝트가 지오메트리로 처리되며, 성능을 높이기 위해 메시가 동적인 장애물을 인식하도록 만들 수 있다. 이렇게 하면 내비 메시가 그 위에 생성되는 일을 막아준다. 이제 이 영역에 영향을 주기 위해 Box Collision 속성의 Offset과 Extent 값도 설정해야 한다. 다음 스크린샷을 살펴보자.

그럼 단계별로 차근차근 따라 해보자.

1. 새로운 Box Collision 요소를 하나 생성한다. 이렇게 하면 해당 요소는 두 개의 값이 있는 어레이^{array}로 채워진다.
2. 내비게이션의 Offset 값을 내비 메시의 폭, 길이, 높이의 절반으로 설정해야 한다. Offset 값은 충돌이 시작되는 위치다.
3. 그다음으로는 Extent 값을 내비 메시의 폭, 길이, 높이의 절반으로 설정한다. Extent 값은 내비 메시의 중앙 지점에서 얼마나 뻗어나가는지를 뜻한다. 즉 볼륨 사이즈의 절반에 해당한다.

예를 들어 내비 메시에서 우리는 속성을 다음과 같이 설정했다. 한번 확인해보자.

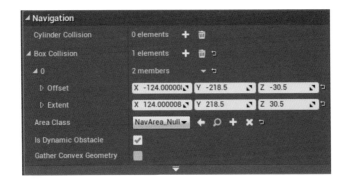

다음 인게임 스크린샷에서 볼 수 있듯이, 정확한 위치는 Is Dynamic Obstacle 옵션에서 설정한 NavArea Null 클래스의 영향을 받는다.

이동 컴포넌트

이동 컴포넌트는 애니메이션의 배후에서 추진력을 제공한다. 자동차의 이동 컴포넌트 같은 다른 종류의 이동 컴포넌트와 비슷하게 입력을 제공하면, 백엔드의 다른 컴포넌트와 통신해 애니메이션을 시뮬레이션하거나 종횡비 변경ratio change을 맞춘다. 즉 다른 기능들 역시 이동 컴포넌트가 있는 폰에 영향을 줄 수 있다는 뜻이다. 그러므로 우리의 비헤이비어 트리가 AI컨트롤러에게 다른 폰에 초점을 맞추라고 지시하면, AI 컨트롤러는 빙의된 폰이 향하고 있는 방향에 영향을 준다. 다시 말해, 폰에게 명시적으로 이 정보를 지시할 필요는 없다.

AI컨트롤러

이미 2장, '기본 AI 생성'과 3장, '무작위성과 확률 추가'에서 AI컨트롤러를 이용해 폰을 이동시켜봤지만, 언리얼 엔진 4 내부에서 어떤 일이 발생해 이렇게 되는 것인지 알아보지는 않았다. 이 부분을 제대로 이해하고 나면, 이동 컴포넌트의 특별한 확장자를 생성해 탈것을 특정 위치로 이동시키는 인스트럭션을 수신하게 하는 등 컴포넌트를 확장할 수도 있다.

AI컨트롤러는 AI 전용으로 특별히 설계된 컨트롤러로서, 플레이어 컨트롤러와 유사하게 현재 빙의한 폰을 조종한다. AI컨트롤러가 플레이어 컨트롤러와 비교해 가지는 주된 차이점은 위치로 이동^{Move to Location} 같은 툴을 이용해서만 AI를 움직이게 할 수 있다는 점이다. 위치로 이동을 사용하면 허용 반경^{Acceptance Radius} 값을 명시해 길 찾기 이용 여부와 다른 유용한 옵션들의 사용 여부를 결정할 수 있다. 위치로 이동의 좀 더 단순한 버전도 있는데, 몇 가지 옵션 변경이 불가능하긴 하지만 그 대신 이동이 더 부드럽게 이뤄진다. 이 버전에서도 모든 옵션은 디폴트로 Move to Location 노드에서 보이는 것과 같이 설정된다.

이 단순한 버전은 Simple Move to Location이라는 것으로, 다음 스크린샷에서 위치를 참고하자.

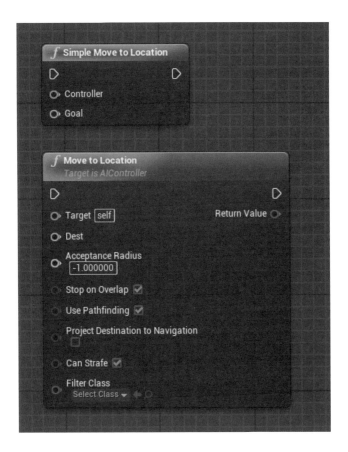

시작해보자!

언리얼 엔진 4를 열고, 새로운 Third Person 템플릿 프로젝트를 시작한다. 이 프로젝트는 우리의 AI가 컨트롤하는 폰 중 하나로 삼인칭 폰을 이용하기 위해 필요하다. 그럼 설정을 다음 스크린샷처럼 맞추고 Create Project를 누른다.

이어서 새로운 AI컨트롤러를 생성하면, 우리의 폰에게 두 지점 간을 이동하라고 지시할 것이다. 우리의 AI가 지정한 경로에 몇 가지 장애물을 넣어서 어떤 영향이 있는지 살펴본다. 다음 과정을 수행해보자.

1. Blueprint 폴더로 가자. 우클릭해서 새로운 AI컨트롤러 클래스를 하나 생성하고 SoldierAI라고 이름 짓자. 이 AI컨트롤러는 스타터 콘텐트starter content로 제공된 폰의 내비게이션을 책임진다.

2. 콘텐트 예제로 처음 설정된 레벨에서 폰을 제거한다. 그다음, 새로운 ThirdPersonCharacter 폰 두 개를 레벨에 놓아보자. 그리고 나서 이 Third PersonCharacter 블루프린트를 열어 기본값에 액세스하겠다.

3. 여기서부터는 이 폰의 기본 AI컨트롤러를 찾아서 이 값을 SoldierAI라고 이름

붙인 새로운 AI컨트롤러 클래스의 값으로 변경한다. 이렇게 하면 우리의 폰이 항상 우리의 AI컨트롤러와 함께 스폰된다.

모두 저장하자! 그리고 이 장의 다음 과제를 진행해보자!

웨이포인트

이 장에서는 웨이포인트^{waypoint}란 봇들이 내비게이션해서 가야 하는 지점들을 표시한다. 우리의 웨이포인트에는 몇 가지 추가 변경을 가해서 이 지점들을 통과하는 데 제한을 둘 텐데, 각 웨이포인트에 액터의 어레이를 생성하면 된다. 그러면 폰들이 가능한 웨이포인트 목록에 액세스할 때 허용된 웨이포인트만 추가하게 된다. 다음과 같이 수행하면 된다.

1. 이전과 같은 Blueprint 폴더에서 시작한다. 우클릭해 새로운 블루프린트를 생성한다. Custom Classes로 가서 Target Point 액터를 선택한다. 제공되는 스프라이트에는 이것을 사용할 것이다.

2. 이 새로운 Target Point 하위 클래스의 이름을 Waypoint라 붙이고 Okay를 누른다.

3. 새로운 Waypoint 커스텀 블루프린트를 열고 Allowed Access라는 새로운 공용 ThirdPersonCharacter 폰 어레이 변수를 생성한다. 그다음에는 Editable을 선택해 이 값을 언리얼 에디터에서 직접 수정할 수 있도록 한다.

4. 이제 월드에 몇 개의 웨이포인트를 배치하고, 이를 무작위로 만들어보자. 이렇게 하면 이 장의 후반에서 다룰 다른 주제들을 설명할 때 폰의 경로를 더 많이 통제할 수 있다.

5. 우리는 월드에 일곱 개의 웨이포인트를 배치했으며, 이 중 세 개 정도를 공유해 경로를 조금 독특하게 만들었다. 그럼 이 노드 중 하나 안에 앞서 월드에 배치했던 사용 가능한 폰 둘을 추가하자.

내비게이션

이제 월드에 병사들이 있으니, 각자 웨이포인트로 내비게이션하도록 해보자. 우리의 병사에 설정한 AI컨트롤러를 통해 처리할 수 있다. 다시 언리얼 엔진으로 돌아가서 시작하면 된다! 다음 단계를 실행하자.

1. 이미 생성한 AI컨트롤러 클래스를 열어 SoldierAI라고 이름 붙인다.

2. 이어서 EventGraph 섹션으로 간다. 여기에서 AI컨트롤러가 폰을 빙의하자마자 첫 번째 루트로 내비게이션을 시작하도록 해야 한다. 그럼 이 액션을 추진할 이벤트를 하나 추가하자(이벤트를 사용하길 권장한다). 찾아야 하는 이벤트는 Event On Possess다. 이 기능은 빙의된 폰을 되돌리기도 하므로, 웨이포인트의 Allowed Access 목록과 비교하는 데 쓸 수 있다.

3. 실행 핀을 당겨서 RecieveMoveCompleted라는 새로운 이벤트에 배정하자. 이 이벤트는 폰이 이전 내비게이션을 마치자마자 바로 다음 루트로 계속 가도록 할 것이다.

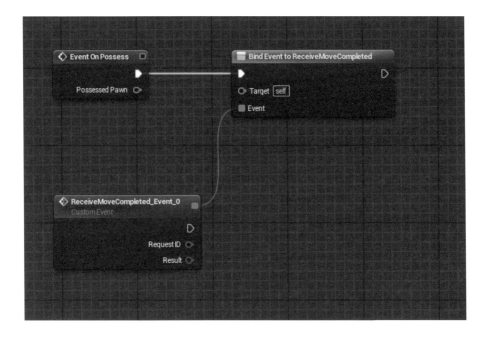

4. 이제 Bind Event 실행 핀 다음에, Do Once를 넣어서 두 번 호출되지 않도록 하자.

5. 그다음에는 우클릭해 Get All Actors of Class 노드를 찾은 다음 Waypoints라고 부르는 우리의 커스텀 블루프린트를 선택한다. 이제 가능한 웨이포인트 목록을 검색해 그곳으로 내비게이션할 수 있는지 체크한다.

6. 그럼 Out Array of Actors 어레이에서 ForEachLoop 노드를 하나 생성하고 Array Element에서 Allowed Access 어레이를 당긴다. 그런 다음, Event On Possess 변수에서 리턴된 폰을 당겨서 삼인칭 캐릭터 폰에 빙의시킨다.

7. 그러고 나면 Allowed Access 어레이에 있는 폰을 찾자. 이 어레이는 아무것도 찾지 못하면 -1을 리턴하는데, 액세스할 수 없다는 뜻이다!

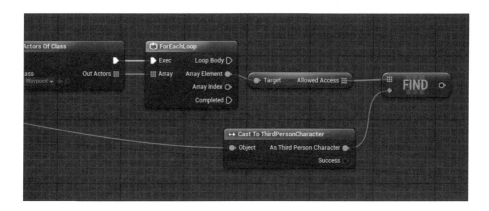

8. Compare Int != Int Boolean을 당겨서 -1로 Find 결과와 비교해야 한다. 그런 다음, 이것을 Branch 노드에 펌프한다.

9. 이제 이 Branch 노드가 True를 리턴하면 현재 Array Element 핀으로 내비게이션할 수 있도록 허용된다는 뜻이며, 내비게이션해서 갈 지점을 추가해야 한다.

10. 이제 새로운 Routes 어레이를 우리의 폰에 생성해 내비게이션할 수 있는 웨이포인트를 담게 하자. 그런 다음, 이 노드를 방금 생성한 Branch 노드로 당기고 어레이 노드에서 Add를 당긴다. 이렇게 하면 우리에게 배정한 루트로 빠르게 액세스할 수 있게 된다.

11. 이제 폰에게 이 작업이 완료되고 나면 웨이포인트로 내비게이션하라고 지시해야 한다. 그렇게 하려면 배치한 마지막 노드를 지나서 있는 또 다른 Routes 어레이를 당긴다.

12. 우리의 다음 목적지가 무작위가 되도록 Routes 어레이를 뒤섞어야 한다. 어레이를 당겨서 SHUFFLE을 찾아보면 된다. 이것은 다음 번 작업 전에 호출돼야 한다.

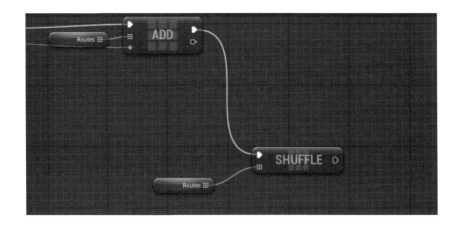

13. 그리고 나면 폰이 가야 하는 장소가 있으니 폰에게 이동하라고 지시해야 한다. 두 가지 옵션이 있는데, 첫 번째는 장소가 딸린 Move to Location 노드를 제공하는 것이고, 두 번째는 액터를 하나 제공해 엔진에서 목적지 찾기를 처리하도록 허용하는 것이다. 우리는 이 예제에서 두 번째 방식을 택할 것이다.

14. 우클릭해서 Move to Actor 노드를 찾고, 이전에 만든 Routes 어레이에서 인덱스의 첫 번째 액터를 주입해야 한다.

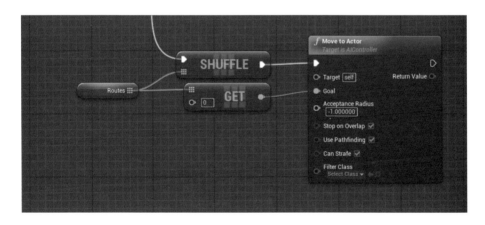

15. 그러고 나서 ReceiveMoveCompleted 이벤트로 되돌아간 후 이것을 우리의 SHUFFLE 노드로 당긴다. 이제 완료됐으니, 에디터로 돌아가보자. 시뮬레이션에서 AI가 무엇을 하는지 확인하자!

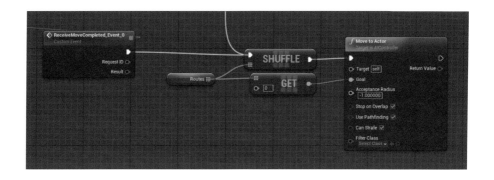

이제 작업으로 돌아가보자!

내비게이션 모디파이어

앞서 짐작한 값에 대해 논의했던 것을 기억하는가? 내비게이션 모디파이어는 모디파이어가 직접 겹쳐지는 영역을 내비게이션할 때의 비용에 영향을 줄 수 있게 해준다. 또한 이렇게 영향을 받는 영역은 새로운 색상으로 표시할 수도 있다.

이제, 우리의 예제에서 설정해둔 다른 내비게이션 모디파이어를 AI가 통과하는 행동 양식을 분석해보자. 여기에서 한 가지 이해해야 할 점은 똑같은 발견 방식을 활용하면서도, 딕스트라 알고리즘 하나보다 더 빠르게 최적의 솔루션을 찾는 데 도움이 된다는 것이다.

예를 들어 도시가 있고, AI는 가능한 한 도로가 아니라 보도 위를 이동하도록 만들고 싶다면, 도로에 내비게이션 모디파이어를 배치해 이 지역에서 비용이 높은 곳을 통과하게 할 수 있다. 그러므로 AI는 이런 지역에서 적절한 경로가 장애물처럼 비용이 높은 다른 것들에 의해 막혀 있을 때만 비용이 더 높은 경로를 통과하게 된다.

이제 언리얼 엔진 4 에디터로 가서 장애물을 생성하고 이 행동 양식이 제대로 작용하는지 살펴보자. NavModifierVolume도 수정해, 언리얼 엔진 4에서 이를 어떻게 이용할 수 있는지 확인하겠다.

다시 에디터로

Modes 창을 찾아보자. 첫 번째 탭에서 Volumes를 클릭해야 한다. 이제 Volumes 안에서 내비 모디파이어 볼륨^{NavModifierVolume}이 보일 것이다. 이것을 레벨로 끌어와야한다.

1. Multiple NavModifierVolume을 레벨로 끌어다 놓는다. 이 볼륨은 이전에 만들어뒀던 웨이포인트 간의 직접 경로를 막아야 한다.
2. 볼륨을 끌어나 놓은 다음, NavModifier Volume과 Waypoints 사이를 잘 구별하자. 화면은 다음 스크린샷과 유사해 보일 것이다.

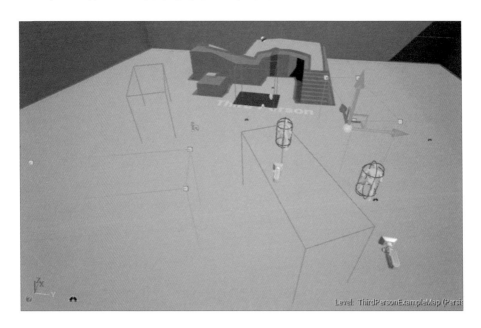

3. 그다음에는 NavModifierVolume이 겹쳐지는 내비게이션 메시의 속성을 덮어쓰는 NavArea를 생성해야 한다.

내비 영역 클래스

이 클래스는 내비 모디파이어 볼륨의 조정된 비용을 적용해준다. 또한 내비 모디파이어 볼륨이 내비게이션 메시에 영향을 주도록 하는 데도 사용된다. 내비 영역^{NavArea} 클래스는 이로부터 영향을 받는 내비게이션 메시의 속성이나 기능을 덮어쓰는 데 쓰인다. 그럼 두 개의 내비 영역 클래스를 생성해 두 개의 서로 다른 환경 상황을 보여주겠다. 하나는 물이고, 다른 하나는 진흙이다. 이론상 물에서의 이동은 진흙을 밟고 가는 것보다 느려지므로 진입 비용이 높지만, 진흙탕을 밟고 걸어가기는 쉽지 않으므로, 이동 비용이 다소 증가한다.

이 점을 염두에 두고 우리의 내비 모디파이어 볼륨 액터에 적용할 서로 다른 내비 영역 클래스를 만들어보자.

1. Content Browser에 있는 Blueprint 폴더를 우클릭해 Blueprint Class로 간다.
2. 이제 창 하단에 있는 Custom Classes로 가야 한다.
3. NavArea를 찾은 후 여기에서 새로운 하위 클래스를 생성하자.
4. NavArea를 하나 더 생성하고 나서 하나는 AreaOfMud라 이름 붙이고, 다른 하나는 AreaOfWater라 이름 붙인다.
5. AreaOfMud를 더블클릭하고, Default Properties로 간다.
6. 여기에서 Default Cost와 Fixed Area Entering Cost가 보일 것이다.
7. Default Cost 값을 2.5로 설정하면, 이것이 속해 있는 내비 모디파이어 볼륨 액터에 영향을 주게 된다.
8. 진흙의 경우 Fixed Area Entering Cost는 0.0으로 둔다. 마지막으로 내비게이션 메시에 무엇이 영향을 주고 있는지 알 수 있게 Draw Color 색상을 갈색으로 바꾼다. 이전에 언급했듯이, 진흙에 들어가는 것은 물에 들어가는 것보다 비교적 쉽다.

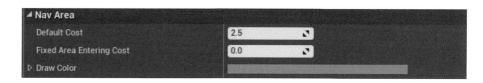

9. 이제 닫고 AreaOfWater를 열자.
10. Default Cost를 1.5로 변경하고, Fixed Area Entering Cost를 35로 변경하자. 이 값들은 작업하는 게임에 맞춰 조정해도 된다. 그리고 물론, Draw Color를 하늘색에 가깝게 변경하면 물이라는 것을 나타낼 수 있다.

11. 저장하고 닫은 다음, 에디터로 돌아가자!

12. 이제 이 내비 영역들을 레벨에 먼저 배치해둔 내비 모디파이어 볼륨에 적용하자.

13. 적용하고 나면 Draw Color가 업데이트돼 있을 것이다. Play를 눌러 우리의 AI를 관찰하자!

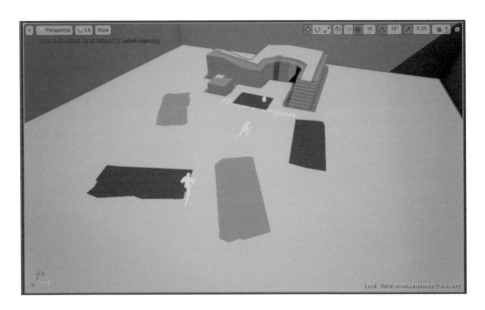

내비게이션 비용

보다시피, AI는 정확히 예측한 대로 행동한다. 내비 모디파이어 볼륨에 적용된 통과 비용 때문에 진흙을 피하고 때로는 물의 고정된 지역 진입 비용이 AI를 막아주기도 하지만, AI가 일단 물에 들어가기만 하면 그 후에는 문제 될 것이 없기 때문에 통과하는 경우도 적지 않다. 이는 우리만의 비결이기도 하다. 그럼 이제 여러분도 A* 알고리즘을 이해했기를 바라며, 최적의 경로를 직접 찾아보는 연습도 해보자.

요약

이 장에서는 내비 모디파이어 볼륨과 기타 리캐스트^{recast} 속성을 이용해 AI의 이동 양식을 어떻게 컨트롤하고 영향을 줄 수 있는지 살펴봤다. 또한 AI가 컨트롤하는 폰에게 속한 웨이포인트로 내비게이션하도록 지시하는 방법도 배웠다. 마지막으로, 에스거 딕스트라가 처음 만들어낸 경로 알고리즘 같은 기본 지식도 알아봤다. 그다음으로는 짐작을 통해 성능과 리소스에 부하를 줄일 수 있게끔 오리지널 알고리즘을 최적화하는 법을 알아봤다.

다음 장에서는 비헤이비어 트리를 만들고 이전 장들에서 배운 것들을 적용해 흥미로운 AI 상호작용을 만들어볼 것이다. 또한 언리얼 엔진 4에서 제공하는 센서 시스템도 활용해보자.

[05 AI에게 선택권 부여

이 장에서는 비헤이비어 트리를 이용해 캐릭터에 자동적인 비헤이비어를 넣는 법을 살펴본다. 비헤이비어 트리는 AI의 로직을 시각적으로 보여준다. 비헤이비어 트리는 상태 중심의 디자인을 만들어내는 계층적 태스크 네트워크의 한 종류이기 때문에, 목표 대신 각 상태가 현재의 태스크를 좌우하게 된다.

이 장에서 다룰 내용은 다음과 같다.

- 비헤이비어 트리^{Behavior Tree}
- 블랙보드^{Blackboard}
- 선택기^{Selector}, 데코레이터^{Decorator}, 서비스^{Service} 등을 포함한 비헤이비어 트리의 컴포넌트
- 개 캐릭터를 달리게 하는 비헤이비어 트리 작성

AI컨트롤러의 비헤이비어 트리

이 장에서는 비헤이비어 트리와 스크립트를 이용해 자율적인 상태 중심의 비헤이비어를 생성한다. 그럼 AI에 대한 수준 높은 컨트롤에 들어가기에 앞서, 우리의 AI를 컨트롤할 수 있게 해주는 근본적인 컴포넌트에 대해 좀 더 알아보자. 먼저 플레이어 컨트롤러와 유사한 AI컨트롤러부터 살펴본다. 이 컨트롤러는 우리의 모든 AI 입력을 해석하며, 우리가 움직이라고 요청하면 월드에 의해 적용된다.

이 점을 염두에 두면 코드에서 다양한 방식으로 AI컨트롤러에게 정해진 곳으로의 이

동을 지시하거나 비헤이비어 트리의 구동을 지시할 수 있다. 또한 이동은 캐릭터 이동^{CharacterMovement} 컴포넌트에 의해 적용된다는 것도 알아둬야 한다. 캐릭터 이동에서 하위 클래스를 생성했다면, 이론상 동일한 비헤이비어 트리를 연장해서 이동을 넣을 수 있다.

언리얼 엔진 4 개발 포럼에서 우리가 소개한 자동차 AI 프로젝트가 바로 그런 경우다. 이 프로젝트는 포럼 웹사이트(https://forums.unrealengine.com/showthread.php?25073-UPDATED-5-16-A-I-Templates-Bot-Car-amp-Flying-AI)에서 찾아볼 수 있다.

비헤이비어 트리에서 Move To 요청을 처리하는 것은 내부의 이동 컴포넌트다. 그래서 우리는 자동차에 특정 장소로 갈 것을 지시하고, 이동을 마친 다음에는 단순히 해당 프로세스를 반복하게 할 수 있었다. AI를 만들 때 해야 하는 작업의 대부분은 이동이므로 대단히 편리한 기능이다.

비헤이비어 트리 생성

그럼 비헤이비어 트리로 주제를 바꿔서 이제 첫 번째 트리를 구성해보자! 이 프로젝트에서는 흔한 이웃집 개와 비슷한 행동을 하는 AI를 생성해본다. 그러면 이 행동 상태는 무작위로 자주 바뀌며 개 우리 근처를 서성이는 우편배달부를 계속 찾게 될 것이다.

EQS^{Environment Query System}를 이용해서 손댈 텐데, 이것은 아직은 실험적이지만 언리얼 엔진 4의 강력한 기능이다. 이 기능은 개를 새로운 위치로 이동시켜 들어오는 우편배달부를 찾도록 처리해준다. 이제 준비됐으면 새로운 삼인칭 프로젝트를 열자.

우리의 개가 돌아다닐 경로를 위해 몇 가지를 만들어보자. 방식은 다음과 같다.

1. 먼저 새로운 커스텀 Target Point 클래스를 하나 만들고 Foodbowl이라 이름 붙인다.
2. 그다음으로는 새로운 커스텀 Target Point 클래스를 하나 만들고 DogHouse라 이름 붙인다.

3. 이 두 액터를 월드 안에 알맞게 배치한다. 이 둘은 우리의 개가 적절한 상태에서 어디로 언제 이동해야 하는지에 대한 레퍼런스로 이용하겠다. 그러므로 기본적으로, 이 액터가 나중에 블루프린트 안에서 참조할 벡터 위치로 타깃 지점과 웨이포인트를 이용할 것이다.

4. 이제 DogState라는 새로운 이뉴머레이션Enumeration 클래스가 필요하다. 여기에 개의 현재 상태를 담을 것이다. 이 값은 근처의 우편배달부를 감지하라는 등의 적절한 반응을 AI에게 보내는 정확한 트리를 실행하는 데 중요하다.

5. DogState 클래스에는 Hungry, Barking, Idle이라는 세 가지 가능한 상태가 있다. Hungry는 개에게 밥그릇을 찾아가서 밥을 먹도록 지시할 것이다. Barking 상태

는 개에게 우편배달부를 찾도록 지시한다. Idle 상태는 개에게 개집으로 가도록 지시한다. 어느 때든 개는 우편배달부가 너무 가까이 다가오면 그를 쫓아가기 시작한다.

블랙보드

블랙보드는 개별적 에이전트나 에이전트들을 위한 메모리를 저장한다. 또한 비헤이비어 트리와 함께 작용한다. 그래서 어떤 태스크 노드에서든 쉽고 직접적으로 변수에 액세스할 수 있게 해준다. 비헤이비어 트리가 이벤트 그래프고, 블랙보드는 이벤트 그래프에서 사용하는 변수라 생각해보자. Instance Synced 기능으로 월드 내 모든 블랙보드 클래스의 인스턴스에 해당 변수를 복제할 수 있다. 그럼 이제 블랙보드를 만들어보자.

1. 새로운 블랙보드를 하나 생성하고 (Content Browser 안에서 우클릭하면 AI 애셋 밑에 있다.) DogBrain이라고 이름 짓는다. 이렇게 하면 우리의 **State**가 비헤이비어 트리 브랜치에 DogState 목록으로, Mailman을 발견하면 **ThirdPersonCharacter**로, Foodbowl은 발견하면 그대로, 마지막으로 최근 찾아본 Locations는 EQS의 벡터로 저장된다. 생성한 요소들은 다음과 같이 보일 것이다.

2. 모두 저장하자. 우리의 비헤이비어 트리를 구성하는 컴포넌트가 생겼으니 이제 비헤이비어 트리를 생성해야 한다. 빠르게 살펴보자.

○ DogState: 이 컴포넌트는 상태 중심의 트리이므로 현재 상태를 저장하게 된다.

○ DogHouse: 개가 잠자는 곳에 있는 개집을 표현한다.

○ Foodbowl: DogHouse와 비슷하게, 개가 배고파지면 찾아오는 밥그릇의 위치가 된다.

비헤이비어 트리 디자인

우리의 비헤이비어 트리 이름을 DogTree라 바꾸고 DogBrain 블랙보드 애셋이 ROOT 의 진입 노드에 플러그됐는지 확인한다. 여기에서 설정한 블랙보드 애셋에는 트리 안에서 실행 중 액세스할 수 있는 기능들의 변수가 있다. 이 변수들이 인스턴스돼 동기화되면, Mailman의 글로벌 변수가 생겨 같은 블랙보드 애셋으로 다른 모든 개들이 볼 수 있게 된다.

우리의 비헤이비어 트리는 다음 스크린샷과 비슷하게 설정된다.

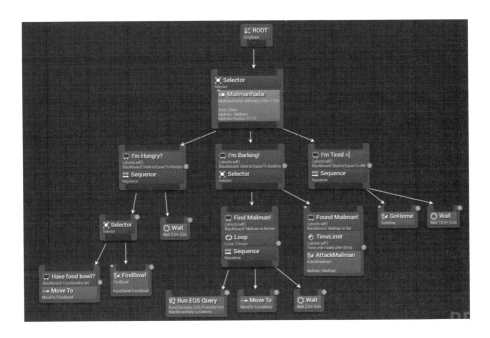

여기에서 주목할 점은 Selector 노드로 시작한다는 것이다. 자녀 노드가 실패할 경우 트리에서 나가지 않도록 하기 위해 이렇게 설정해야 한다. 실패하게 되면 다음 노드로 계속 진행해서 궁극적으로는 성공이 반환된다. 그럼 개별적 트리 내에서는 좀 다른 작업을 해보겠다. 이제 상태가 하나 있으니, 가끔 이벤트의 순서를 조절해 이 상태에 대한 특정 행동 양식을 복제해본다. Hungry 상태를 위해서는 먼저 밥그릇이 필요하다. 밥그릇을 만들고 나면 가서 먹을 수 있다. 기다리기 노드도 넣어서 개가 밥그릇을 찾는 것처럼 보이게 할 텐데, 이 행동은 처음에만 일어난다. 다음에는 조건이 그릇을 true로 설정한 것을 확인하기 때문에 즉시 Foodbowl로 이동할 수 있게 된다.

Barking 상태에서는 어떤 태스크든 실행하고 나서 성공할 때까지 대기해야 하므로 즉시 Selector 노드로 갈 것이다. 즉 Selector Composite 노드에서 조건을 만족해 성공과 실패를 리턴하는 태스크가 처리된다. 이렇게 하려면 몇 가지 기능을 실행해 모두 성공이 리턴돼야 한다.

이 기본 논리는 비헤이비어 트리에서 실행되기를 원하는 행동 양식을 구축할 수 있도록 해주는 것이므로 반드시 이해해야 한다. 다음 스크린샷에서처럼 프로세스를 실행 순으로 배치해야 하며, 트리의 구조가 실행 플로우의 방향에 의존한다는 점을 주의하자.

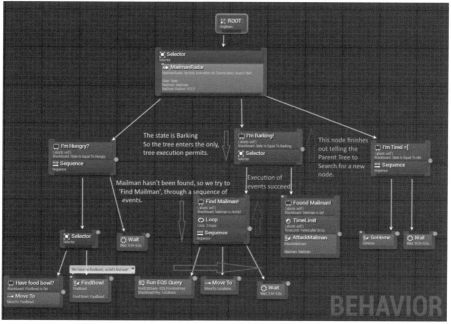

실행 플로우를 덮어쓴 타깃 비헤이비어 트리

Tree Search 이벤트는 MailmanRadar라는 이름의 Service 안에 있는데, 이 이벤트를 이용해 상태 전환을 시킬 것이다.

마지막으로, Idle 상태는 단순히 개가 개집으로 돌아가도록 만든다.

이 세 개의 상태를 가지고 우리의 개 AI를 계속 만들어보자. 이제 개의 AI컨트롤러를 생성해야 하는데, AI컨트롤러가 비헤이비어 트리를 실행하기 때문이다. 단지 다음 과정을 수행하면 된다.

1. 새로운 블루프린트를 하나 생성하고 Custom Classes를 선택하자. 그런 다음, AIController를 찾는다.

2. 이제 `DogController`라 이름 붙이고 생성한다!

3. 또한 어떤 상태에 있는지를 결정해줄 **Service**를 만들어야 한다. 우클릭해 새로운 블루프린트를 생성한다. **Custom Classes** 밑에서 `BTService_BlueprintBase`를 찾아야 한다. 이것을 `MailmanRadar`라고 이름 붙이자.

비헤이비어 트리 서비스

이 노드가 독특한 점은 연결된 브랜치를 구동하고 모니터링하게끔 디자인됐다는 것이다. 정의된 빈도로 실행되면서 해당 브랜치가 실행되는 한, 블랙보드를 체크해 업데이트한다. 이제는 이런 기능도 활용해보자. 첫 번째의 **Event Receive Activation** 노드가 **Branch** 노드가 활성화된 것을 우리에게 통보하는 경우, 이 브랜치에 연결된 블랙보드 내에 있는 변수들을 초기화하면 된다. 그다음에 사용할 노드는 **Event Receive Search Start**로, 브랜치가 선택되면 이를 통보한다. 이 점을 활용해 상태를 변경하면, 트리에 새로운 실행 경로의 선택을 지시하게 된다. 다음 스크린샷은 **MailmanRadar** 서비스의 전체적인 블루프린트 모습이다.

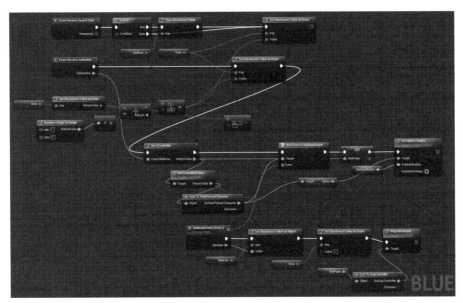

Mailman 레이더 서비스의 전체 블루프린트

이제 레이더가 작동하게 하려면 폰의 장비를 설정해야 한다. 이것은 또 다른 폰이 겹쳐질 때마다 비헤이비어 트리에 정보를 전달하는 역할을 한다. 그럼 우리의 삼인칭 캐릭터를 찾아서 열어보자!

1. Viewport로 가서 새로운 Sphere Collision 컴포넌트를 하나 생성해야 한다. 이 컴포넌트의 구체 반경은 트리 안의 레이더 기능에 의해 업데이트될 것이다.

2. 이제 이벤트 그래프에 OnComponentBeginOverlap 이벤트를 추가하자.

3. My Blueprint 창에 Event Dispatcher를 추가해 생성하고, 이벤트 그래프로 끌어와서 Call을 선택한다. 이 Event Dispatcher가 트리에 변화를 통보하게 된다. 이 이벤트는 MailmanFound라 이름 붙이고 Mailman이라는 ThirdPersonCharacter 입력 타입을 할당한다.

4. Overlap 이벤트에서 Other Actor를 삼인칭 캐릭터로 캐스트한 후 MailmanFound라 이름 붙이고, 캐스트된 액터에 넣는다.

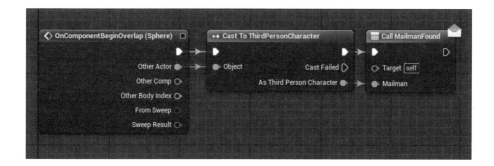

5. 이제 MailmanRadar로 가서 이 이벤트에 반응하는 다른 변수들을 설정하자. 이 레이더가 가능한 우편배달부 타깃들을 스캔하는 동안 참조할 몇 가지 변수를 추가해야 한다.

   ○ 먼저 State란 이름의 편집할 수 있는 블랙보드 키 선택기가 필요하다.

   ○ 이어서, Mailman이란 이름의 편집할 수 있는 블랙보드 키 선택기가 필요하다.

   ○ 그다음에는 MailmanRadius란 이름의 편집할 수 있으며 디폴트 값이 512인 플로트 변수가 필요하다.

   ○ 마지막으로, 액터 변수 타입 하나를 생성해 thisPawn이라고 이름 붙인다.

화면은 이제 다음 스크린샷처럼 보일 것이다.

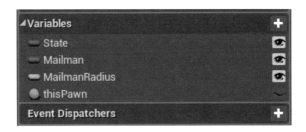

6. 시작 이벤트인 Event Receive Activation으로 시작한다.

7. 이것은 블랙보드 변수 초기화에 사용할 것이다. 그럼 초기 상태를 설정할 수 있
   도록 State 변수를 가져오자.

8. Get State 변수를 당겨서 Set Blackboard Value as Enum을 찾아야 한다. 변수에서
   상태를 가져오는데, 이번에는 Get Blackboard Value as Enum을 찾아야 한다. 그
   리고 우리 AI의 새로운 무작위 상태를 선택할 것이다. 우리의 State 변수를 무작
   위로 한두 번 증가시켜서 처리한다. 이제 이것을 당겨서 Byte + Byte를 생성한
   다음 모듈로(%)를 생성하자. 이 모듈로는 우리의 더하기(+) 노드의 결과를 사용
   하지만, 마지막 위치에 3이 와야 한다. 그래서 Input % 3 = Range (0-2)와 비슷
   한 결과가 나오도록 한다(배고픔, 짖기, 아이들 이렇게 세 가지 상태를 의미한다).

9. 이제 Random Integer in Range를 생성하고 Min 값을 1로, Max 값을 2로 설정하자.
   그런 다음, 이것을 Byte + Byte 더하기 노드에 펌프해야 한다. 이전 Branch 노드
   의 False 값은 Set Blackboard Value as Enum 노드에 연결할 것이다.

10. 마지막으로, 모듈로(%)의 결과를 우리의 Set Blackboard Value as Enum 노드에
    연결해 현재 State 변수를 업데이트한다.

화면은 이제 다음 스크린샷처럼 보일 것이다.

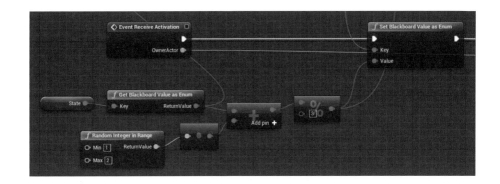

상태 전환

이제 무작위로 상태를 늘려갈 것이다. 이것은 단순히 상태의 전환을 보여주는데, 전환을 어떻게 처리하는지에 따라 일관성 있는 AI가 만들어지므로 정말 중요한 작업이다. 목표 중심의 AI일 때는 완전히 반응성에 집중하는 대신, 정해진 목표를 달성하기 위해 가장 적합한 상태를 선택하게 된다. 이 때문에 AI가 어느 정도 지능을 갖춘 것처럼 보이게 된다.

우리의 AI는 무작위로 다음 상태를 선택하지만, AI가 수집한 정보에 따라 새로운 상태를 결정하도록 만들면 AI가 정말 지성이 있는 것처럼 보이게 된다. 좀 더 도전적인 프로젝트를 만들려면 다음의 예가 도움이 될 것이다.

1. Event Receive Activation을 다시 보고, Owner Actor에서 Get AIController를 당기자. 그다음, Get Controlled Pawn을 당겨서 이전에 생성했던 Event Dispatcher 노드에 배정한다.
2. Get Controlled Pawn 노드를 삼인칭 캐릭터로 캐스트하고, 이 캐스트에 MailmanFound를 배정한다.
3. 또 Owner Actor를 가져와 thisPawn 변수에서 설정해야 한다. 마지막으로, 우리 폰의 Sphere 변수를 업데이트해 우리 변수 노드의 Radius에 매치되는지 확인한다.

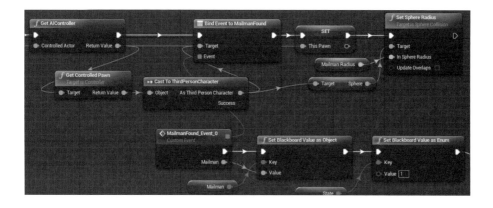

4. 새로 생성한 MailmanFound 이벤트에서 Mailman 블랙보드 선택기를 설정해야 한다. 변수에서 선택기를 가져와서 Set Blackboard Value as Object를 실행하고, 이벤트를 통해 리턴된 Mailman에서 Value를 설정한다.

5. 그다음으로는 State 변수를 Barking으로 설정해 다른 상태들을 즉시 버리고 Barking을 계속하도록 만든다. 변수 중에서 State 변수와 Get Blackboard Value as Enum 노드를 가져온다. 이 값을 1로 만들어서 Barking 상태를 표현한다.

6. 마지막으로, This Pawn 변수를 우리의 변수 노드에서 가져오자. 이 노드를 Cast To DogController를 이용해 캐스트한 다음 Stop Movement를 호출한다. 이것으로 현재의 어떤 움직임이든 바로 중지하고, 다음으로 요청받은 행동을 시작하게 된다.

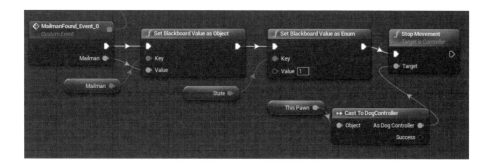

7. 이제 Event Receive Search Start 트리는 새로 시작할 브랜치를 찾게 된다. 그러므로 이것을 이용해 새로운 상태를 설정할 것이다. 그럼 그래프에 우클릭하고 새로운 이벤트를 당긴다. 여기서부터는 get State 변수 옆을 당기고, 핀을 당기는 동안 Get Blackboard Value as Enum을 찾아야 한다.

8. 이제부터는 1의 조건에 맞는 조건을 생성한 다음 Branch 노드에 연결해야 한다. 이 상태를 1에 비교한 이유는 우리의 State 변수가 Barking과 같기 때문에, 이 상태를 그대로 두고서 특정한 일을 수행할 수 있기 때문이다. 이 브랜치는 다음에 수행될 노드가 될 것이다.

9. 이제, Mailman 변수를 당기고 블랙보드 키의 값들을 리셋하는 기능을 호출해야 한다. Mailman 핀을 당겨서 Clear Blackboard Value를 찾아보면 된다. 이렇게 하면 우리가 만든 Branch 노드가 호출돼 true를 리턴한다.

10. 또한 State 변수를 가져오면 Set Blackboard Value as Enum을 당기는 새로운 상태를 설정해야 한다. 현재 State 변수는 Event Receive Activation에서 만든 계산을 이용해 업데이트할 수 있다. 그러므로 이 모듈로(%)를 당겨서 우리의 Set Blackboard Value as Enum 노드의 Value로 설정한다.

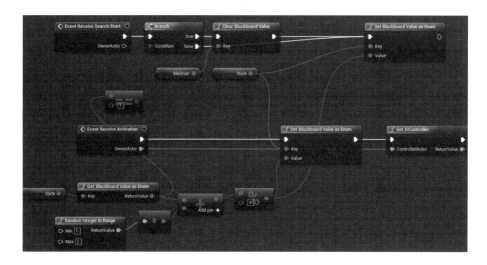

11. 이 `DogController` 클래스를 열고 Event Begin Play 노드를 찾자.

12. 그래프를 우클릭하고 Run Behavior Tree 노드를 찾는다.

13. 그런 다음, BTAsset 핀에서 우리가 이미 만든 DogTree를 찾자. 그리고 게임에서 이 DogController 클래스를 우리 캐릭터에 배정할 것이다. 그러면 캐릭터가 스폰 되며 즉시 DogTree로 달려간다.

14. 다시 비헤이비어 트리로 돌아가서 화살표를 하나 아래로 당겨 그래프에 새로운 Selector 컴포짓을 하나 생성한다. 이것은 이전 스크린샷에서 보여줬던 트리의 시 작으로, 우리의 MailmanRadar Service 노드를 구동할 것이다. Service 노드가 특별 한 점은 컴포짓에만 사용되며, 해당 트리를 구동해야 하는 태스크를 처리한다는 점이다.

15. 이제는 트리에서 다음 세 개의 노드를 구성하자. 이것은 블랙보드 비교 데코레이 터Blackboards Compare Decorators가 있는 세 개의 시퀀스 노드가 된다. 데코레이터는 우 리의 컴포짓이나 태스크 노드에는 조건을 적용할 수 있다. 이런 데코레이터들은 실행을 시작할 적절한 진입 상태를 체크하게 된다.

16. 그럼 이 트리의 시작 부분에 우리의 컴포짓 노드를 생성한다. 그런 다음, 이 노드 를 우클릭하고 블랙보드에서 찾고자 하는 데코레이터를 추가하자.

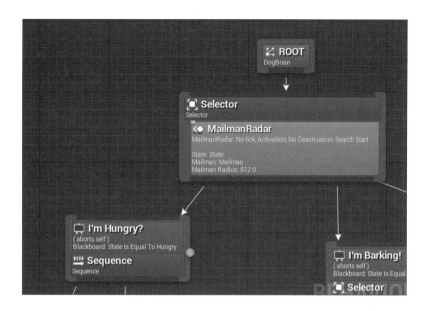

블랙보드 비교 데코레이터

먼저 이 창의 몇 가지 필드를 알아보자.

- Flow Control부터 시작해보자. 여기에는 Notify Observer와 Observer aborts라는 두 가지 속성이 있다. Notify Observer는 Flow Control에 어떤 작업을 발동할지 알려준다. On Result Change는 이 트리에 진입하기 위해 계산된 조건이 변경될 때 발동한다. 그러므로 원래는 짖고 있었지만 지금 아이들 상태라면, 트리의 Flow Control은 Abort 이벤트를 발동한다. 트리가 어떤 부분을 포기하는지는 Observer aborts에 의해 컨트롤된다. 첫 번째 옵션은 Self다. 이 트리 안에서 더 이상의 실행을 포기한다는 뜻으로, 특별한 설명이 필요 없다. 두 번째 옵션인 Low Priority는 기본적으로 트리의 나머지를 포기하는 것이므로, 트리 전체를 다시 시작하고 싶을 때 좋다. 마지막 옵션은 단순히 앞서 이야기한 두 가지 옵션을 조합한 것이다.

- 그다음 필드는 Blackboard로, 데코레이터에 어떤 조건이 True를 리턴하는지 알려준다. 이 경우, 우리는 Blackboard Key를 State로 설정해야 한다. 속성 변화를 눈여겨보자. Key Query 값을 우리가 Key 값으로 적용한 조건으로 변경한다. 그런

다음 마지막으로, 우리의 조건을 확인하도록 Key 값을 설정한다.

그럼 비헤이비어 트리로 돌아가보자.

1. 시퀀스 브랜치의 첫 번째 노드는 Selector 노드다. 우리는 확인해야 하는 조건이 두 개지만, 한 번에 한 가지 조건만 만족시킬 수 있다는 점을 알기에 선택기가 필요하다. 이 시퀀스 브랜치에서 다음으로 만들어야 하는 노드는 Wait 노드로, 개가 킁킁 냄새를 맡거나 먹이를 먹는 애니메이션을 시뮬레이션한다.

2. 우리의 Selector 노드에서 첫 번째 노드는 밥그릇이 있다고 가정하며 개가 그쪽으로 움직이도록 만드는 Move To 노드다. Move To 노드에는 블랙보드 키 인수가 하나 있는데, 액터나 벡터와 호환된다. 그러므로 제한적이지만 직접적으로 트리에서 이동을 실행시킬 수 있다.

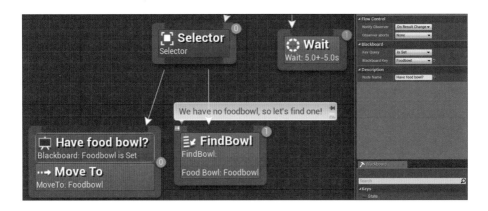

3. 우리의 Selector 노드에서 다음으로 만들어야 할 노드가 있다. 이제 우리의 Content Browser로 돌아가서 새로운 블루프린트를 생성하자. Custom Classes 밑에서 BT를 검색해 BTTask Blueprint Base를 생성한다. 이렇게 하면 FindBowl이 호출돼, 우리의 개가 밥그릇을 찾게 만든다.

4. 이제 새로운 애셋을 저장하고, Selector 노드 아래에 있는 우리의 개 트리로 가서 새로운 FindBowl 태스크를 Move To 노드 다음에 생성해야 한다. 이제 이 노드에 Foodbowl 같은 다른 자녀 조건이 false로 설정되면 실행된다.

5. 이제 첫 번째 상태 트리가 있으므로, 우리의 트리 노드에 대한 코멘트를 업데이트해서 빠르게 알아보도록 만들자. 우리가 택한 방식을 다음 스크린샷에서 참조하기 바란다.

6. 이제 다음 트리로 가서, **Selector** 컴포짓 노드로 시작하는 비슷한 설정을 생성해야 한다. 우클릭해서 데코레이터를 하나 추가하고, **Blackboard**를 검색한다. 이 브랜치 엔트리를 실행하기 위해 **State** 변수가 `Barking`과 같은지 확인하는 데 쓰인다.

7. 다음으로, 우리의 AI가 우편배달부가 있는지 킁킁 냄새를 맡으며 돌아다니게 할 **Sequence** 컴포짓 노드를 생성해야 한다. 이 컴포짓에는 블랙보드 데코레이터가 있어서 **Mailman** 변수가 설정됐는지 확인해야 한다. 또한 조건에 부합하면 두 번 호출할 **Loop** 데코레이터를 하나 더 추가해야 한다.

8. 모든 것이 설정됐으면, 이 **Sequence** 브랜치 안에 그다음 세 개의 노드가 먼저 영역을 스캔하고, 개를 이동시키고, 그다음 한 장소에서 냄새를 맡으며 기다리도록 만든다. 그러므로 우리의 영역을 스캔하는 데에는 EQS를 이용하고자 한다.

EQS

우리의 AI가 어떻게 환경을 감지하는지에 대해서는 다음 장에서 더 다루겠지만, 최소한의 개념과 사용법 정도는 여기에서 소개하는 것이 좋겠다. EQS^Environment Query System 는 컨텍스트 오브젝트가 요청에 적용된 필터와 테스트를 기반으로 정보를 생성하는 쿼리 요청을 호출할 수 있게 해준다. 쿼리에는 EQS가 구동되도록 하는 인스트럭션 템플릿이 들어있다. 따라서 예를 들어 숨어있을 곳을 위해 영역을 스캔하고 싶을 때는 엄폐 장소를 표현하는 액터들을 스캔할 수 있다. 그런 다음, 쿼리에서 계산하고 싶지 않은 결과는 제거하고 적의 방향을 기준으로 최적의 숨을 곳에 대한 결과만 계산하도록 필터를 적용할 수 있다.

우리의 경우에는 우편배달부 냄새를 맡을 전략적인 위치를 선택하고자 하는데, 이 역시 환경 쿼리를 생성해 처리할 수 있다. 일단 다음과 같이 생성하고, 다음 장에서는 EQS를 사용할 다른 방법도 다루겠다.

1. 그럼 이 점을 염두에 두고, Content Browser로 가서 AI 폴더를 선택하자. 폴더를 우클릭하고 Misc로 간 다음에 Environment Query로 간다. EQS_PointsAround라고 이름 붙인다.

2. 이것을 열고 루트로 가자. 비헤이비어 트리와 비슷한 비주얼 인터페이스라는 것을 알 수 있다. 루트에서 당겨서 SimpleGrid를 찾는다. 이렇게 하면 우리의 액터 주위에 점수를 내서 요청으로 리턴되는 각 항목의 그리드가 생성된다.

3. Grid Size 값을 2048로, Space Between 값을 512로 변경해야 한다. 나머지 설정은 기본으로 두고, 이제 다음 스크린샷처럼 테스트를 추가하자.

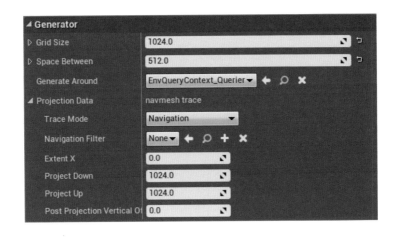

4. 이 테스트는 개의 방향을 기준으로 한 결과를 필터링한 후 계산할 것이다. 점수의 DOT 테스트를 결정하기 위해, 테스트하고자 하는 것들을 지시해야 한다. 그러므로 Line A는 우리 항목의 Rotation이 된다. Line B는 우리와 항목 간의 방향이 된다.

5. 마지막으로, 우리의 개는 영역 전체를 수색해야 하므로 개가 영역 전체를 찾아볼 기회를 넣어야 한다. Absolute Value를 활성화하면 결과 값이 양 방향을 다 계산하도록 만들 수 있다.

6. 필터를 조정해 바로 앞이나 오른쪽의 항목은 무시하도록 0에서 1 사이의 범위를 선택한다. Filter Type 값을 Range로 바꾸고, Float Value Min 값은 0.4로, Float Value Max 값은 0.85로 바꾸자.

7. 마지막은 Score로, 이것은 기본값으로 둔다. 이제 저장하고 비헤이비어 트리로 돌아가보자.

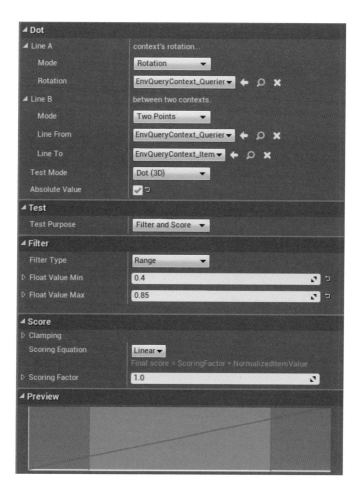

8. Mailman is NotSet 데코레이터로 생성한 Sequence 노드에서, 이제 EQS 쿼리를 구동해 결과를 Location 블랙보드 키에 저장하고자 한다. 노드를 당겨서 Run EQS Query를 찾으면 된다.

9. 그다음에는 EQS_PointsAround 옵션을 선택하고 Location 블랙보드 키를 설정해야 한다.

10. 다음 노드는 EQS에서 리턴된 장소로 우리 개를 이동시킬 것이다. 당겨서 Move To를 찾자. 블랙보드 키는 우리의 상소가 돼야 한다.

11. 여기에서 마지막 노드는 우리의 개가 새로 발견된 장소에서 임의의 초 동안 기다리게 만들 것이다. 그럼 Wait 노드를 찾고 Wait Time 값을 2.5로, Random Deviation 값을 5.0으로 각각 설정하자. Selector 노드의 완성된 구조는 다음과 같다.

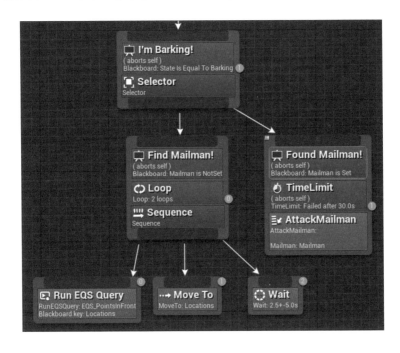

12. 다시 I'm Barking 노드로 돌아가서, 변수가 설정되고 나면 우리의 개가 우편배달부를 추격하게 만들 새로운 노드를 생성할 것이다. 먼저 실행을 절대 멈추지 않는 노드를 생성해야 한다. 그럼 Content Browser로 가자.

13. AI 폴더로 가서 우클릭하고 새로운 블루프린트를 생성해야 한다. Custom Classes 밑에서 Task Blueprint Base 비헤이비어 트리를 찾아야 한다. 이것은 `AttackMailman`이라고 이름 붙인다.

14. 이것을 열고 이벤트 그래프로 가자. 먼저 우리의 장소를 당겨야 하므로 블랙보드 애셋에 참조를 하나 만들어야 한다. Variables 밑에서 새로운 Selector 블랙보드 키를 생성하고 `Mailman`이라 이름 붙인다. 이것을 편집해야 한다.

15. Event Receive Execute를 찾아야 하는데, 이것으로 Gate를 열게 된다. 그럼 Gate 노드를 하나 생성하고 우리의 이벤트를 우리 Gate 노드의 Open 실행 핀으로 펌프한다.

16. 이어서 Event Receive Tick을 생성해 이것을 Gate 노드의 Enter 실행 핀에 펌프한다. 그런 다음, Event Receive Tick의 실행 핀의 OwnerActor를 당겨 Cast to DogController를 이용해 캐스트해야 한다. 여기에서부터 DogController에 MoveToLocation을 지시할 수 있다.

17. 이제 장소를 제공해야 한다. Mailman 변수를 당기고, 그다음에는 Get Blackboard Value as Object를 당겨야 한다. 그런 다음, 이것을 우리의 삼인칭 캐릭터에 캐스트해야 한다. 이제부터는 Mailman 액터의 위치를 가져와서 개에게 이 장소로 이동하라고 지시할 수 있다.

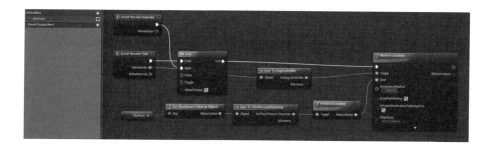

18. 마지막으로 Idle 시퀀스는 단순히 개가 지쳐서 쉬고 싶을 때를 나타낸다. 메인 브랜치에서 시작해 Sequence 컴포짓 노드를 사용하는 새로운 상태 트리를 만들 것이다. Sequence 노드에서 우클릭해 블랙보드 데코레이터를 추가해야 한다. 이것이 현재 State 값이 Idle과 같은지 확인하게 된다.

19. 메인 브랜치에서 당겨서 Sequence 노드를 하나 생성하자. 이 노드는 블랙보드 데코레이터가 있어 State가 Blackboard Key 값으로 설정돼 있고, Key Query는 Is Equal To로 설정될 것이다. 우리의 데코레이터를 위한 블랙보드 Key Value는 Idle 이어야 한다.

20. Flow Control 밑에서 Notify Observer 값이 On Result Change고 Observer aborts 값이 Self인지 확인해야 한다.

21. 우리의 Description 필드를 Idle/Sleep 상태로 업데이트해서 우리의 트리를 더 이해하기 쉽게 만들자.

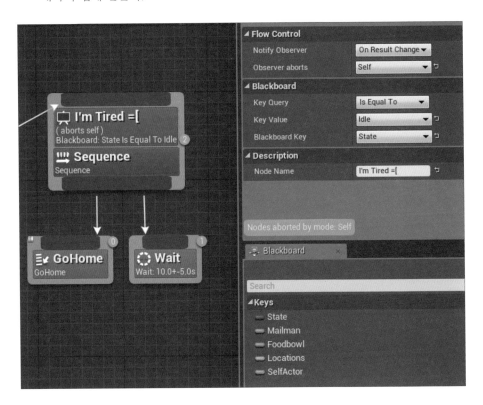

22. 우리의 개를 집으로 보낸 후, 거기서 기다리게 만들 새로운 트리가 필요하다.

23. Content Browser로 가서 우리의 AI 폴더를 찾아가자. 그리고 우클릭해 새로운 블루프린트를 생성한다. 이것은 BTTask_BlueprintBase 밑의 또 다른 커스텀 클래스가 될 것이다. 이것을 GoHome이라 이름 붙이고, 이벤트 그래프에서 연다.

24. 우리가 원하는 이벤트는 Event Receive Execute며, 이것이 Get All Actors of Class 를 호출할 것이다.

25. 액터 클래스는 Dog House여야 하며, 레벨에는 하나만 넣을 것이다. Get All Actors of Class는 OutActors를 리턴한다. 이 어레이에서 첫 번째 인덱스 아이템을 가져 오자.

26. 우리의 Event Receive Execute에서 Owner Actor를 DogController로 캐스트한 후 Move To Actor 액터를 실행하자.

27. 마지막으로 Finish Execute를 호출하고 bSuccess가 true로 리턴돼야 한다.

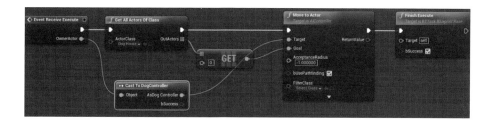

요약

이 장은 개요 소개로 보기에는 좀 많은 내용을 다뤘는데, 다음 장도 마찬가지일 것이다. 이 장에서는 우리의 AI를 다른 폰에 효과적으로 반응하게 만드는 방법과 다른 목표 장소로 이동하게 하는 방법을 다뤘다. 또한 EQS를 간단히 소개하며 우리의 개가 전략적으로 냄새를 맡을 장소들을 선택할 수 있도록 했다. 다음 장에서는 EQS를 더 심도 있게 이용할 것이다. 감지는 이벤트 기반이지만, 이동은 여전히 트리에 의해 처리된다.

그럼 다음 장에서는 다른 AI를 감지하고 더 유연하며 반응성이 좋은 AI를 만들도록 도와주는 언리얼 엔진 4의 내장 컴포넌트들을 살펴보자.

[06 AI의 감각은 어떻게 이뤄지는가

이 장에서는 우리의 AI가 월드 안에 배치해둔 다른 AI와 폰을 감지할 수 있게 해주는 언리얼 엔진 4의 다양한 컴포넌트 사용법을 배워본다. 이와 관련해서 AI 퍼셉션 컴포넌트AI Perception Components라고 부르는 언리얼 엔진의 시스템을 활용한다. 이 컴포넌트들은 커스터마이즈하거나, 심지어 스크립팅을 통해 현재의 감지sensing 인터페이스를 확장함으로써 새로운 행동 양식을 넣을 수도 있다.

이 장에서는 다음 내용을 다룬다.

- AI 컴포넌트
- AIPerceptionStimuliSource를 이용해 인지할 수 있는 액터 등록
- AI 퍼셉션을 이용한 오브젝트 인식
- 상태 기계

개요

AI 퍼셉션은 언리얼 엔진 4에 내장된 시스템으로, 소스가 감지를 등록해 자극을 생성하고, 그다음에는 시스템 내에서 자극을 감지할 때 다른 리스너listener들이 주기적으로 업데이트되도록 해준다. 커스터마이즈 가능한 다양한 센서들에 반응하는 재사용성 시스템을 생성할 때 그야말로 기적을 일으키는 도구다. 그럼 6장에서는 AI 퍼셉션 컴포넌트를 이용해 우리의 적 AI가 우리를 감지할 때마다 추격하도록 만드는 데 집중

해본다. 다만, 우리는 블루프린트를 이용한 스크립팅으로 전부 해결한다는 차이가 있다. 따라서 이번 장에서는 비헤이비어 트리를 전혀 이용할 필요가 없다!

AI의 감각

먼저 언리얼 엔진 4를 불러와 New Project 창을 열자. 그리고 다음 과정을 수행해보자.

1. 먼저 새로운 프로젝트를 AI Sense라 이름 붙이고 **create project**를 누른다. 로딩이 끝나고 나면 우리의 AI에 적절한 인스트럭션을 보내는 새로운 AI컨트롤러를 생성하는 것부터 시작한다.

2. Blueprint 폴더를 찾아가서 새로운 AI컨트롤러 클래스를 하나 생성하고 EnemyPatrol이라 이름 붙이자.

3. 이제 EnemyPatrol을 배정하려면, 월드에 폰을 하나 배치한 후 컨트롤러를 배정해야 한다.

4. 폰을 배치하고 나서 에디터 안의 **Details** 탭을 클릭한다. 그런 다음에는 AI컨트롤러를 찾아야 한다. 기본 설정으로 부모 클래스인 AI컨트롤러가 되지만, 우리는 이것을 EnemyPatrol로 만들고자 한다.

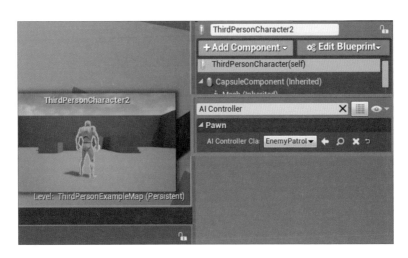

5. 그다음에는 `PlayerSense`라는 이름의 새로운 플레이어 컨트롤러를 생성할 것이다.

6. 그런 다음, 보이거나 봐야 하는 것들에는 AI 퍼셉션 컴포넌트를 도입해야 한다. 먼저 `PlayerSense` 컨트롤러를 열고, 그다음에 필요한 컴포넌트를 추가하자.

AI 퍼셉션 컴포넌트

현재 사용 가능한 컴포넌트는 두 개가 있다. 하나는 이미 익숙한 AI 퍼셉션 컴포넌트고, 다른 하나는 AIPerceptionStimuliSource 컴포넌트다. 후자는 폰을 자극의 원천으로 등록하기가 쉬워서 다른 AI 퍼셉션 컴포넌트에 감지될 수 있게 해준다. 우리의 경우에는 특히 편리한 컴포넌트다. 이제 다음을 순서대로 실행하자.

1. PlayerSense를 열어둔 상태에서 AIPerceptionStimuliSource라는 새로운 컴포넌트를 추가하자. 그런 다음, Details 탭 아래에서 Auto Register as Source를 선택하자.

2. 그다음에는 원천을 생성할 새로운 감각들을 추가해야 한다. Register as Source for Senses를 보면 AISense 어레이가 있다.

3. 이 어레이에 AISense_Sight 블루프린트를 채워 넣어 다른 AI 퍼셉션 컴포넌트에서 보고 감지할 수 있도록 한다. 예를 들어 AISense_Hearing, AISense_Touch 등 다른 감각들도 선택할 수 있는 것을 볼 수 있다.

설정 전체는 다음 스크린샷을 참고하자.

이 다음에 해야 할 과정을 생각해보면 꽤 이해하기 쉬워 보이는데, 적 AI가 감각의 설정 범위 안으로 들어올 때마다 우리의 플레이어 폰이 감지하도록 해준다.

그다음에는 우리의 `EnemyPatrol` 클래스를 열고 다른 AI Perception 컴포넌트를 우리의 AI에 추가하자. 이 컴포넌트는 AI Perception이라 불리며, 많은 설정이 담겨 있어서 AI를 다양한 시나리오에 적절하게 커스터마이즈할 수 있다.

1. AI Perception 컴포넌트를 클릭하면 AI 섹션 밑의 모든 것이 회색으로 사용 불가 처리돼 있을 것이다. 이것은 각 감각에 대한 특정 설정이 돼 있기 때문이다. 직접 AI 감각 클래스를 생성할 때도 마찬가지다.

2. 이 컴포넌트에서 두 개의 섹션에 집중하자. 하나는 AI Perception 설정이고, 다른 하나는 이 컴포넌트에서 제공되는 이벤트다.

    1. AI Perception 섹션은 AIPerceptionStimuliSource에 있는 같은 섹션과 비슷해 보일 것이다. 둘의 차이는 직접 감각을 등록해야 한다는 점이며, 지배적인 감각을 명시할 수도 있다. 지배적인 감각은 같은 장소에서 판단하는 다른 감각들에 우선하게 된다.

    2. Senses 설정을 보고 새로운 요소를 추가하자. 이렇게 하면 새로운 감각 설정으로 어레이가 채워지며, 그다음에 이 설정을 수정할 수 있다.

3. 지금은 AI Sight 설정을 선택한 다음, 기본값과 똑같이 그냥 두자. 게임에서 설정을 시각화할 수 있으므로 감각을 더 컨트롤할 수 있다.

4. 피아를 명시할 수 있게 해주는 설정도 있는데, 이 책을 쓰고 있는 현 시점에서는 이 옵션들이 제공되지 않는다.

5. Detection by Affiliation을 클릭하면 Detect Neutrals를 반드시 선택해 Sight Sense Source가 있는 어떤 폰이든 감지할 수 있게 된다.

6. 그다음에는 우리의 AI에게 새로운 타깃을 알려줄 수 있어야 한다. AI Perception 컴포넌트의 일부로 나타나 있는 이벤트를 활용해 이렇게 만들 수 있다. OnPerceptionUpdated라는 이벤트를 찾아간다.

이 이벤트는 감각 상태에 변화가 있을 때마다 업데이트돼 감각 추적을 쉽고 분명하게 해준다. OnPerceptionUpdated 이벤트로 가서 다음을 실행하자.

1. OnPerceptionUpdated를 클릭하고 이벤트 그래프 안에서 생성한다. 이제 이벤트 그래프 안에서 이 이벤트가 호출될 때마다 감각에 변경이 일어난다. 그러면 다음 스크린샷처럼 가능한 감각 액터들을 리턴한다.

이제 참조된 감각 액터를 어떻게 얻을지 알았으므로, 우리의 폰이 비헤이비어 트리에서 한 것과 비슷한 방식으로 서로 다른 상태를 유지할 방법을 만들어내야 한다.

2. 먼저 플레이어가 더 이상 AI에 의해 감지되지 않게 된 후 우리의 폰이 달려갈 원래 위치를 설정하자.

똑같은 Blueprint 폴더에서 **Target Point**의 하위 클래스를 생성한다. 이름을 Waypoint라 붙이고 월드 안의 적절한 장소에 배치한다.

3. 이제 이 Waypoint 하위 클래스를 열고 통과할 수 있는 루트를 유지할 추가 변수들을 만들어야 한다. 웨이포인트 안에서 다음 웨이포인트를 정의하면 되는데, 프로그래머들이 연결 목록^{linked list}이라 부르는 것을 생성할 수 있게 해준다. 이렇게 하면 AI가 현재 루트의 목적지에 도달한 후 계속해서 다음으로 가능한 루트로 이동할 수 있게 된다.

4. Waypoint가 열린 상태로 NextWaypoint라는 새로운 변수를 추가하고 이 변수의 타입을 우리가 만든 Waypoint 클래스와 똑같이 만든다.

5. 다시 우리의 **Content Browser**로 온다.

6. 이제 EnemyPatrol AI컨트롤러 안에서 이벤트 그래프 안의 **Event Begin**에 초점을 맞추자. 전에 생성한 웨이포인트의 참조를 가져와 우리의 AI컨트롤러 안에 저장해야 한다.

7. 그럼 새로운 웨이포인트 변수를 생성하고 CurrentPoint라 이름 붙이자.

8. 이제 **Event Begin Play**에서는 우리가 AI컨트롤러 클래스 안에 있으므로, 제일 먼저 이 이벤트 그래프에서 자신을 참조하는 AI컨트롤러가 필요하다.

9. 그럼 우리의 자기 참조를 가져와서 유효한지 확인하자. 안전이 최고다! 그다음으로는 AI컨트롤러를 우리의 자기 참조에서 가져올 것이다. 그리고 역시 안전을 위해 우리의 AI컨트롤러가 유효한지 확인하자.

10. 다음으로, **Get all Actors Of Class** 노드를 하나 생성해 액터 클래스를 Waypoint로 설정해야 한다.

11. 이제, 프로젝트 내내 인스트럭션을 이용할 것이므로 몇 개의 인스트럭션을 매크로로 변환해야 한다. 그럼 다음에서 보이는 노드들을 선택해서 **convert to macro**를 누르자. 마지막으로, 이 변수를 getAiController라는 이름으로 바꾼다. 최종적 노드는 다음 스크린샷에서 볼 수 있다.

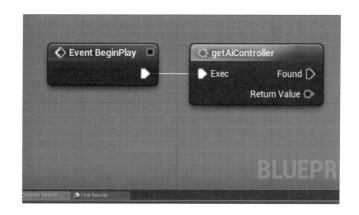

12. 다음으로, 우리의 AI가 임의의 새로운 루트를 가져와 새로운 변수로 설정하게 해 보자. 그럼 먼저 반환된 액터의 어레이 길이를 가져오자. 그런 다음, 이 길이에서 1을 빼면 우리 어레이의 범위가 나온다.

13. 그러고 나서 Subtract와 get Random Integer를 당겨보자. 그다음에는 우리의 어레 이에서 Get 노드를 가져오고 Random Integer 노드를 회수할 인덱스에 펌프하자.

14. 다음으로, Get 노드에서 반환된 가능한 변수를 당겨서 로컬 변수로 올린다. 이렇 게 하면 자동으로 핀에서 드래그한 유형을 생성하며, 이 Current Point는 이 변 수가 왜 있는 것인지 알아보기 쉬운 이름으로 바꿔야 한다.

15. 다음으로, getAiController 매크로에서 ReceiveMoveCompleted 이벤트를 배정하자. 우리의 AI가 성공적으로 다음 루트로 이동하면 해당 정보를 업데이트하고 우리 의 AI에 다음 루트로 이동하라고 지시할 수 있도록 하는 것이다.

상태 기계

보편적인 경우라면 UE4 이용자 모두가 사용할 수 있는 AI 비헤이비어 트리를 기본으 로 택할 것이다. 하지만 이 시나리오에서는 비헤이비어 트리의 작업을 블루프린트에 직접 작성된 컴포넌트 단위로 나눌 것이다. 그러므로 다음으로 해야 할 일은 상태를 유지하는 방법을 만들어내는 것이다. 그다음에 변수를 업데이트함으로써 상태 기계 를 만들고, 우리의 AI가 실행 플로우를 컨트롤함으로써 다른 상태로 전환되도록 한다.

명시된 조건이 만족되면 상태를 업데이트하는 이벤트를 이용해 이렇게 만들 수 있다. 그럼 다음 단계를 따라 시작해보자!

1. 먼저 State라는 AI컨트롤러에 새로운 정수형 변수를 생성하자. 그러면 상태 기계 안에서 현재의 상태를 유지해준다.

2. 이제 새로운 이벤트가 필요한데, NextRoute라고 부르겠다. 이제 이벤트 그래프에 서 우클릭한다. Add Event 밑으로 가면 Add New Event가 있을 것이다. 새로운 이 벤트는 NextRoute라고 이름 붙이자.

3. 이제, 배정한 이벤트 ReceiveMoveCompleted 다음에 상태 기계를 개시하거나 기 계에 들어갈 NextRoute를 호출해야 한다.

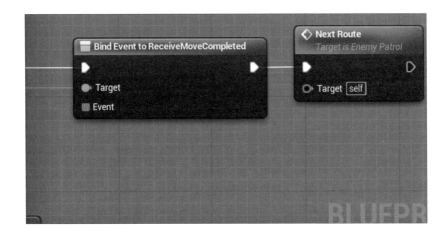

4. 그다음에는 ReceiveMoveCompleted를 찾아서 Result 스위치를 켜자. 이 스위치 노 드에서 Success를 당긴다. 이것은 AI의 이동이 완료된 다음에만 실행 플로우의 다음 단계로 계속 진행한다는 뜻이다.

5. Success에서 새로운 Branch 노드를 생성해 새로운 조건을 설정하자. 이 조건은 우리의 State 정수형 변수가 현재 0과 같은지 확인할 것이다. 0 값은 우리의 디폴 트 상태를 표시한다.

6. 우리의 State 변수 값이 0이라면, Retriggable Delay 노드를 생성해 0.2초로 설정 하자. 그다음에는 우리의 Current Point 변수가 유효한지 확인해야 하는데, 유효하

다면 이전에 우리가 생성한 변수를 가져와서 연결 목록에 있는 다음 루트를 정의한다.

7. 그리고 나면 이 새로운 변수를 우리의 Current Point 변수에 설정해야 한다. 이렇게 하면 웨이포인트 사이를 무한정 내비게이션할 수 있게 된다.

8. 다음으로는 다음 루트로 계속 진행할 때까지의 지연 시간을 정하는 두 개의 새로운 변수를 생성해야 한다.

9. 이제 RoutePauseDelay라는 새로운 플로트 변수를 생성해 얼마나 오래 기다릴지 정의하자. 그다음에는 대기 시간이 늘 똑같지 않게끔 편차를 만들어야 한다. 그럼 이제 RoutePauseDevia라는 새로운 플로트 변수를 생성하자.

10. RoutePauseDeviation을 Range 안의 Random Float에 펌프하고, 이것을 RoutePauseDelay에 추가하자. 그런 다음, 이것이 Delay 노드에 펌프될 것이다.

11. Delay 노드에서 전에 만든 NextRoute 이벤트를 호출해야 한다.

12. 새로 생성한 NextRoute 이벤트로 초점을 옮겨서 우리의 State 변수가 0과 같은지 확인하고 Branch 노드를 하나 생성해 실행됐을 때 결과를 확인한다.

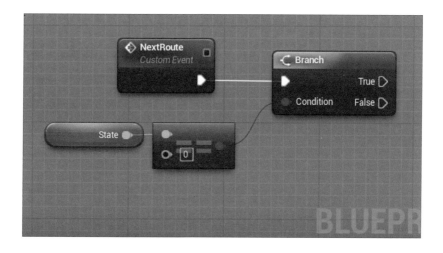

13. 다음으로 AI컨트롤러를 액터에서 가져와서 우리의 Current Point 변수가 유효한지 확인해야 한다.

14. 그다음, Current Point 변수가 유효하면 getAiController의 Return Value와 Move to Actor 노드를 당겨야 한다.

15. 그러면 확인한 Current Point 변수를 당겨 이것을 노드의 목표에 넣는다. 이제, AI 컨트롤러가 그에 속하는 액터에 빙의하면 이 이벤트를 호출할 것이다. 일단 이동이 완료된 다음에는 루트를 업데이트해서 계속 다음 루트로 진행할 것이다.

폰 감지

우리의 폰에 최신 정보를 주려면 AI 퍼셉션 컴포넌트로부터 감각 업데이트 이벤트를 포착해 응답할 이벤트를 만들어야 한다. 이를 위해 감지된 폰의 처리만 담당하는 새로운 이벤트를 생성하면 된다. 다음과 같이 해보자.

1. 아무 곳이나 우클릭하고 **Add Event** 아래로 간다. 커스텀 이벤트를 추가하고 새로운 이벤트의 이름을 `Detected Enemies`라 붙인다. 또한 `Detected Actors`라는 이름으로 Updated Actors의 어레이를 담을 새로운 액터 어레이 매개변수를 생성해야 한다.

2. 이제 다음 단계로, 우리의 OnPerceptionUpdated 이벤트에서 AI컨트롤러와 **Detected Enemies** 기능을 호출할 블루프린트를 재컴파일해야 한다.

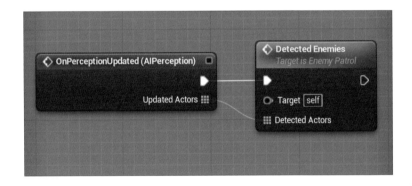

3. 다음 단계로 서로 다른 상태 간의 전환을 처리할 것이다. 예를 들어 기본 상태에서는 새로운 적을 발견할 수 있는데, 그러면 현재의 동작을 멈추고 감지된 적에게로 이동해야 한다. 그리고 특정 시간 동안 추격하던 적이 시야에서 사라지면 이 동작을 취소하고 다시 웨이포인트로 내비게이션할 수도 있다.

4. 이제 다시, 전에 생성했던 DetectedEnemies 이벤트로 초점을 맞추자. 우리의 AI 퍼셉션 컴포넌트에 의해 이 이벤트가 호출됐으므로, 각 상태에 적합한 이 액터들을 이용하자.

5. 이 이벤트를 당겨서 Branch 노드를 생성하자. 그런 다음, 이 브랜치에 대한 조건을 생성하자. 우리의 State 변수를 당겨서 0과 같은지 확인해야 한다. True라면 적이 감지됐는지 확인하게 된다.

6. 그럼 True에서 당겨서, 우리의 Detected Actors 어레이의 길이가 1보다 길거나 같은지 확인하자. 길거나 같다면 적이 있는 것이며, 이 과정에서 앞으로 이동할 수 있다. 그럼 이전 Branch 노드의 True를 당긴 다음에 새로운 브랜치를 생성한다. 이렇게 하면 Detected Actor 어레이의 길이를 확인하게 된다.

7. 다음으로, 적을 찾으면 상태를 변경해 실행 경로를 변경할 것이다. State 변수를 1로 설정하면 된다.

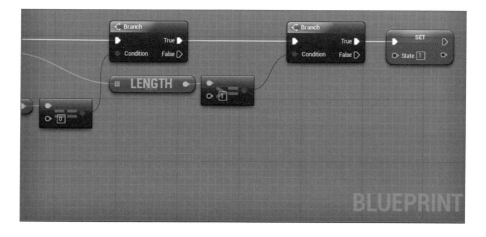

8. 그런 다음, 우리의 State 변수를 위한 새로운 스위치 선언을 생성한다. 이것은 실행 플로우를 도와준다. 인덱스는 1부터 시작하고, 디폴트 핀은 없어야 한다.

9. 이제 우리의 첫 번째 Branch 조건으로 돌아가서, 상태가 0과 같은지 확인할 것이다. 그다음에 선언이 False라면, 즉 우리가 현재 적을 수색하는 상태라면 이것이 상태 전환으로도 이어져야 한다. 그러면 우리가 일정 시점에 적을 잃어버릴 경우 해당 상태에서 나와 다른 상태로 전환하는 것이 허용될 것이다.

10. 스위치 노드에 초점을 돌려, 이제 인덱스 2의 또 다른 단절을 추가하자. 그런 다음, 그중 하나에서 당겨 getAiController라고 부르자. Found가 실행되면 진행할 준비가 된 것이다.

11. 이벤트에서 Detected Actors 매개변수를 당겨서 ForEachLoopWithBreak 노드를 생성하자. 이 노드에서 감지된 적이 시야에 잡히는지를 확인하자. 우클릭한 후 Line of Sight To를 찾고, Target은 자기 자신으로 유지한다. Other는 ArrayElement 변수여야 한다.

12. Return Value에서 당겨서 새로운 Branch 노드를 생성한다. 이 브랜치의 조건은 우리에게 Current Enemy가 있는지 확인하게끔 하는데, 없다면 새로운 적을 설정할 것이다. Branch 노드의 True 값에서, Array Element로부터 적 액터를 설정하자.

13. getAiController에서 당겨서, 방금 적 액터로 설정한 적에게 초점을 맞추자.

14. 다음으로, 우리의 AI컨트롤러를 다시 가져와서 Move To Actor 노드를 생성해야 한다. 이어서 적 액터를 우리의 노드 목표로 설정하면, 우리의 AI를 새로 찾은 적에게 내비게이션하도록 할 것이다.

15. 다음으로, Move To Actor 노드에서 Return Value를 켜자. Failed, Already At Goal, Request Successful이 켜지는 노드가 생길 것이다. Request Successful에서 당겨서 State 변수를 2로 설정하자.

16. 이제 우리의 Set State 변수에서 ForEachLoopWithBreak 노드를 분리해야 한다. 이렇게 하면 일단 적을 발견한 후에는 수색을 계속하지 않게 된다.

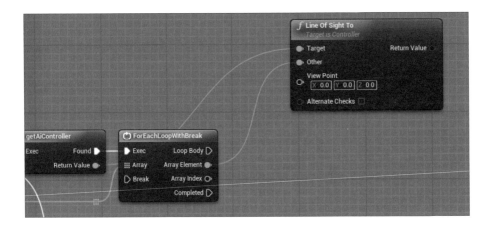

17. 다시 첫 번째 Branch 노드의 루프로 돌아와서, False에서 또 다른 브랜치를 생성하자. 이것은 우리가 방금 선택한 적인 Array Element 핀에 대한 Line Of Sight To가 실패했는지 확인해 현재 타깃으로 삼은 적이 있는지 확인한다. 그럴 때는 Enemy Actor 변수를 지우고 State 변수를 다시 0으로 설정하는 데 초점을 맞춰야 한다.

상태 전환

상태 1로부터 벗어나는 데 필요한 것들은 이로써 완료됐다. 이제 상태 2에 필요한 것들을 처리하고 나면, 이 상태에서 더 이상 적이 보이지 않을 경우 상태 0으로 가는 데 필요한 변화 감지가 허용된다. 다음 과정을 수행해보자.

1. 이전에 생성해 (55단계) 2에서 새로운 연결을 생성한 State의 스위치 노드로 돌아가서, getAiController를 생성하자.

2. 그다음에는 Enemy Actor 변수가 유효한지 확인해야 한다. Enemy Actor 변수에서 나가 핀으로부터 당긴 다음에 IsValid 노드를 생성하면 된다.

3. 이 변수가 유효하면 AI컨트롤러를 우리의 적을 향해 이동시켜야 한다. getAiController의 Return Value에서 당긴 다음 Move To Actor를 생성하면 된다. 그런 다음에는 유효한 Enemy Actor 변수를 우리의 Move To Actor 목표 입력에 연결할 수 있다.

4. 그다음, AI컨트롤러 안의 틱^{tick} 이벤트를 이용해서 상태 2에 있을 때 적의 시야가 확보되는지 확인해야 한다. 틱 이벤트에 초점을 옮겨 이 이벤트에서 당긴 다음에 Branch 노드를 생성하면 된다.

5. 이어서 State 변수를 드롭하고 2와 같은지 확인한다. 이 같음^{equal} 노드의 결과는 Branch 노드의 조건에 펌프된다.

6. Branch 노드를 보고 True를 당겨서 getAiController 노드를 생성한다. 그다음, Found를 당겨서 Branch 노드를 생성하자.

이제 적 추격을 유지할 두 개의 새로운 변수들을 생성해야 한다. 이렇게 하면 지정된 시간이 지난 다음에 추격이 타임아웃되거나 즉시 추격이 끝나서, AI가 다시 우리가 만든 웨이포인트 사이 루트로 돌아가게 할 수 있다.

7. 그럼 TimeoutChase라는 새로운 변수를 생성하는데, 이것은 불리언^{Boolean}이 된다. 이어서 ChaseTime 변수를 생성하는데, 이것은 플로트다. 이렇게 하면 추격을 타임아웃하고 싶지 않은 경우에 우리의 실행 라인에 서로 다른 플로우 간을 스위치 전환하도록 지시하게 된다.

8. 다시 우리가 생성한 마지막 Branch로 돌아와서, 조건에 새로 생성한 Timeout Chase 변수를 플러그해야 한다.

9. 이 Branch 노드가 False라면 이전의 스위치 선언에서 getAiController 노드로 플러그해야 한다. 다음 스크린샷과 비슷해 보일 것이다.

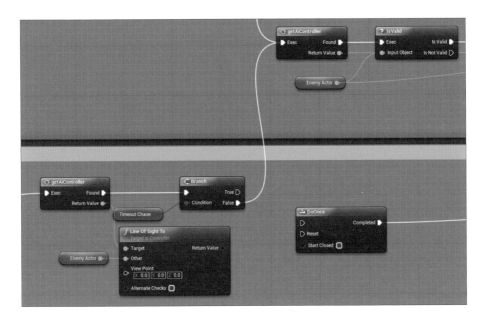

10. 이제 선언이 True라면 새로운 Branch 노드를 생성해 우리의 적이 시야에 들어오는지 확인하자. getAiController 노드의 Return Value를 당겨서 Line of Sight라는 새로운 노드를 생성한다.

11. 그리고 나서 Enemy Actor 변수를 가져와 우리의 다른 입력에 플러그할 것이다. 그런 다음, 반환 값에서 조건이 이미 설정된 새로운 Branch 노드를 생성할 수 있다.

상태 리셋

이제 Retriggerable Delay 노드에서 우리의 ChaseTime 플로트 변수를 이용하게 해주는 다음 부분을 처리해보자. 기본적으로 시야에 들어올 때, Retriggarable Delay 노드는 리셋으로 진행될 것이다. 일단 시야가 끊기고 나면 다른 실행 경로가 Do Once를 실행해 AI의 State 변수 리셋 시도를 실행할 것이다. Retriggerable Delay 노드가 지정된 Chase Time 값만큼 지연이 끝난 다음에는 DoOnce를 리셋해 우리의 봇이 상태를 리셋하도록 해준다. 다음 과정을 수행해보자.

1. 이제 방금 생성한 Branch 노드를 보고 False를 당겨서 새로운 DoOnce 노드를 생성하자. Start Closed는 디폴트 상태로 둬도 된다.
2. 이전 Branch 노드에서 True로 돌아가면, True에서 당긴 다음에 Sequence 노드를 생성할 수 있다.
3. 첫 번째 Then 0 실행 핀을 당겨서 Retriggerable Delay 노드를 생성한다. 그 다음에는 Chase Time 변수를 Duration 변수로 플러그한다. 마지막으로 Completed를 이전에 생성했던 DoOnce 노드의 Reset 입력 실행에 플러그한다.

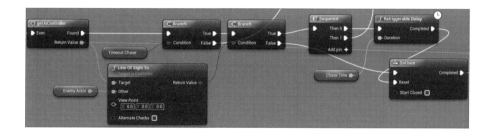

4. 다시 Sequence 노드로 돌아와서, 상태 변환 부분에서 했듯이 Then 1을 우리의 이전 Move To Actor 노드로 돌려야 한다.

그럼 적을 보는 동안에는 적을 놓칠 때까지 계속 이들을 향해 이동하게 되며, 일단 시야에서 사라지면 다른 실행 라인으로 전환된다. 이제 AI가 적을 확인한 위치로 이동해야 하므로 액터의 위치를 가져와야 할 것이다. 이렇게 하면 AI가 마지막으로 적을 봤던 위치 쪽으로 이동하고는 결국 리셋된다.

5. 이제 DoOnce 노드로 와서 우리가 이 연결에 이미 만들었던 getAiController를 당기자. 이어서 DoOnce 노드 다음에 Stop Movement라는 새로운 노드를 생성한다. 이것은 적으로 향하는 어떤 이동도 다 취소할 것이다.

6. 그다음에는 Enemy Actor 변수를 null로 설정해야 한다. 우리의 State 변수를 0으로 설정하고, 마지막으로 Next Route 이벤트를 호출한다. AI가 다시 우리의 웨이포인트를 연결하는 루트로 돌아오도록 하고 나면, 적이 시야에 들어올 때까지 기다리게 된다.

시뮬레이션과 플레이

이제 Play를 누르면 AI가 시야에서 놓칠 때까지 당신을 추격하는 것을 확인할 수 있다!

시야에서 사라지고 나면, 봇은 적이 시야에 들어오기 전에 이동 중이었던 루트로 돌아가게 된다. 봇이 상태 0에 있을 때, AI 퍼셉션 컴포넌트에서 적이 감지되고 나면 상태 1로 들어간다. 그다음, 적 중 하나가 시야에 있고 현재 적이 없다면 상태 2로 변경돼 적을 설정한다. 마지막으로, 적을 향해 이동하다가 적이 시야에서 사라지면 다시 상태 0으로 돌아오게 된다. 다음 도표는 이런 전환을 보여준다.

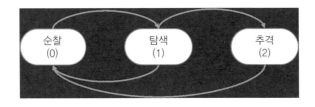

지금까지 비헤이비어 트리의 도움 없이 AI를 생성하는 법을 설명했다. 결국, 기본적으로 프로그래밍에서 기능에 공유되는 변수 기준으로 각각의 전환 기능이 만들어지기 때문에 상태 기계는 여전히 생성해야 한다. 다만 이를 블루프린트에서 직접 처리함으로써 상태 전환에 따른 행동 양식의 컨트롤 메커니즘을 더 깊이 이해할 수 있었다. AI의 행동 양식이 단순할 때는 이 방법을 활용하는 것이 좋다.

요약

6장에서는 AI 감지 컴포넌트에 대해 살펴봤다. 이 툴은 AI의 입력에 새로운 반응성 센서를 쉽게 적용함으로써 여러분이 레이 트레이스$^{ray\ traces}$ 같은 것을 직접 만들 필요가 없게 해준다.

다음 장에서는 언리얼 엔진에서 제공하는 툴을 이용해 우리의 AI가 장애물을 피하거나 분대의 행동 양식과 비슷하게 서로를 따라가도록 만드는 고급 이동 방식에 대해 집중적으로 알아보자.

[07] 고급 이동

이 장에서는 군집^{flocking}과 같은 고급 길 따라가기^{path-following} 행동을 집중적으로 살펴본다. 우리가 하려는 것은 군집 행동 양식을 적용해, 모두가 같은 방향으로 움직이면서 각각의 에이전트가 서로를 피하도록 하는 등의 사실적인 AI 움직임을 만드는 것이다. 때로는 에이전트들이 대장을 찾도록 함으로써 에이전트들의 다양한 편대를 형성할 필요도 있다. 먼저, 레벨 안에서 폰들이 이리저리 돌아다니도록 하는 데 필요한 것들을 모두 설정해야 한다. 그다음에는 이 폰들에 블루프린트를 추가해 새로운 대장을 발견할 수 있도록 만든다. 마지막으로는 군집 행동 양식을 도입해 우리의 AI가 그룹으로 어떻게 움직이는지 살펴보자.

이 장에서는 다음 내용을 다룬다.

- 이동을 위한 액터 블루프린트 설정
- 따라가기 행동 양식 적용
- 분리, 결합, 정렬 같은 특징을 가진 군집 행동 양식 적용
- UMG를 통한 행동 양식 컨트롤

에이전트 셋업

피직스 볼^{Physics Ball} 템플릿을 이용해 AdvancedMovement라는 새로운 프로젝트를 생성하자. 이 책에서 사용하는 버전은 언리얼 엔진 4.8.3이다. 첫 번째로 해야 할 것은 PhysicsBallBP 클래스를 찾아 이벤트 그래프를 여는 것이다. 다음과 같이 포인트를

적용하면 된다.

1. 프로젝트가 로드되면, RollingBP 섹션으로 찾아간 후 Blueprints 폴더로 간다.

2. 여기에 PhysicsBallBP가 있을 텐데, 이 장에서 이것은 우리의 에이전트 역할을 하게 된다. 이 액터를 위한 이벤트 그래프를 열자.

 현재 에이전트의 방향을 담기 위한 두 개의 벡터 변수를 도입해야 한다. 나머지 하나는 에이전트가 스폰되는 위치를 담는다.

3. 이제 예제에서 불필요한 로직은 제거하자. 우리는 다음 변수들을 제거했다.
   ○ JumpImpulse 변수
   ○ CanJump 변수

   이벤트 그래프 안에 있는 블루프린트 코드는 다음 스크린샷에 모두 다 표시되지 않았으니 주의하자.

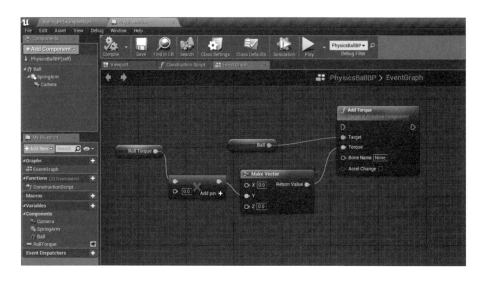

4. 좋다. 이제 출발점을 만들었으므로, Direction이라는 변수 하나를 생성해 벡터 변수 유형을 설정하자.

5. 그다음에는 StartLocation이라는 변수를 생성해 역시 벡터 변수 타입으로 설정한다.

 StartLocation은 나중에 적용해야 하는 Reset 버튼에 사용될 것이다.

6. 이제 Event Begin Play를 찾고, 새로운 벡터 변수들을 초기화하자. 먼저 이벤트 근처 영역에 우클릭하고 Random Unit Vector를 찾는다. X와 Y 값만 필요하므로, Random Unit Vector 노드에서 (핀을 우클릭해) 벡터를 쪼갠다.

 앞뒤나 왼쪽, 오른쪽으로만 갈 수 있다. 이 델타 값은 X와 Y에 의해 처리된다. Y를 넣으면 카메라가 앞으로 회전할 수 있는데, 보기에는 불편할 수 있다.

7. 다음으로, 우클릭해서 Get Actor Location이라는 새로운 노드를 생성하자. StartLocation 벡터를 아래로 당겨 변수를 설정해야 한다. 그런 다음, Return Value 에서 Start Location 변수를 설정한다. Give random direction and save start location 영역에 코멘트를 넣자.

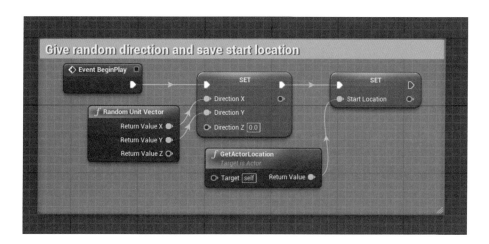

8. 이제 Direction 변수를 설정해 SpringArm 변수의 방향으로 넣어야 한다. 이렇게 하는 이유는 우리가 월드의 어디로 이동하든지 간에 카메라가 항상 그 방향을 향하도록 하기 위해서다. 그러므로 다른 변수들을 수정하면 그 영향을 바로 볼 수 있다.

9. SpringArm 변수를 이벤트 그래프로 당긴다. 그다음에는 SetRelativeRotation 변수에서 당긴다.

10. 이어서 SpringArm 변수의 현재 RelativeRotation 값이 우리가 향하고 있는 방향들 사이에 보간^{interplate}이 돼야 한다. 이렇게 하면 카메라 회전을 업데이트할 때 변환이 부드러워진다.

11. SpringArm 변수의 현재 RelativeRotation 핀에서 당겨 RInterp To 노드를 생성해야 한다.

12. 그다음, Direction 변수를 가져와 이 방향을 Make Rot from X를 이용해 전환해야 한다.

13. 이 회전자를 오프셋으로 변경할 것이다. 우리는 이것을 스프링의 로컬 로테이션 오프셋으로 계산했다. A의 방향으로 B를 0.0 Roll, 45.0 Pitch, 90.0 Yaw로 설정해야 한다.

14. 이어서 Return Value 핀을 RInterp To 노드의 Target 핀과 연결한다.

15. 이제 우클릭한 후 Get World Delta Seconds를 찾아서 이것을 RInterp To 노드의 Delta Time 핀에 플러그한다.

16. Return Value 핀은 이제 우리가 전에 만든 SetRalativeRotation 노드의 New Rotation 에 플러그돼야 한다.

 그러므로 여기에서 우리의 방향을 업데이트하자. 이렇게 하는 이유는 이 작업을 추가해서 우리의 방향을 표준화하고 예상한 범위의 값을 얻기 위해서다.

이 영역은 Calculate Direction for Camera Spring Arm이라고 코멘트한다.

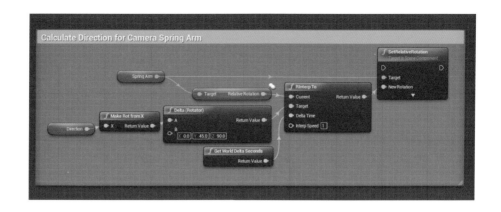

17. 그러려면 Direction 변수를 아래로 당겨야 한다. 변수에서 당겨서 Vector + Vector를 찾는다. 여기서 벡터를 표준화하고, 마지막으로 벡터를 쪼개자.

18. 그럼 Direction 변수에서 당겨서 변수를 설정하자. Direction 설정 변수를 Break Vector를 이용해 쪼갠 다음, X와 Y 플로트 변수를 둘 다 SET 노드의 Direction X와 Direction Y 변수에 플러그한다.

   이 영역을 Calculate Direction이라고 코멘트하자.

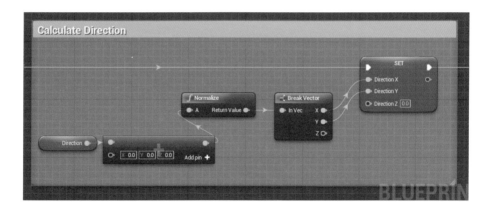

19. Ball 변수를 당겨서 노드를 하나 호출하고 Add Torque라 이름 붙인다.

20. Torque 값을 계산하려면 Direction 변수를 가져와야 한다. Roll Torque 변수를 구해서 Direction 벡터에 곱한다. 이 결과 값은 Add Torque 노드의 Torque 핀에 플러그해야 한다.

이 영역을 Apply Torque to Ball이라고 코멘트한다.

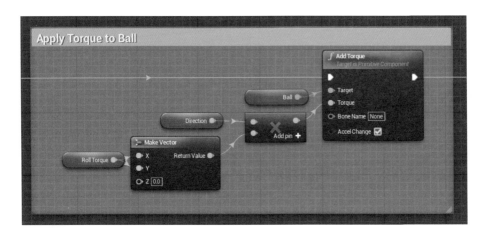

21. 다음 단계는 Ball 변수의 전방을 스캔하는 기능을 생성하는 것이다. 트레이스가 부딪치면 벽에 부딪혔다는 뜻이 된다. 여기에서 Hit Result를 이용해 Hit Normal을 기반으로 벽에 대한 반사를 생성하려고 한다. 이제 어떻게 하면 되는지 살펴보자.

22. 우리의 마지막 노드에서 LineTraceByChannel이라는 새로운 노드를 생성하자. 여기에서 우클릭하고 Get Actor Location을 찾아 새로운 노드를 하나 만든다. 그리고 Return Value를 새로 생성한 노드의 Start 핀에 플러그한다.

23. Direction 변수의 또 다른 복사본을 끌어서 그래프에 놓는다. 그리고 우리의 Direction 벡터를 당겨서 우클릭한 후 Make Rot from Y라는 새로운 노드를 만든다. Make Rot from Y의 Return Value Direction에서 우클릭해 Get Up Vector라는 새로운 노드를 만든다.

24. Ball 벡터에서 변수를 얻은 다음, 우클릭해 Get LocalBounds라는 새로운 노드를 생성한다. 이제 최대 벡터를 쪼개고 Max X에서 우클릭해 새로운 노드인 Float * Float를 만든다.

25. 이제 이 변수는 우리의 사이즈를 이용해서 전방 구체 밖으로 나가게 되는 거리를 판단할 것이다. 우리의 예에서는 복권 타입의 확률을 보여주겠다. -3.5 비율인데, 우리가 곱할 벡터는 월드가 아니라 볼에 비례하므로 이 비례는 음의 수가 돼야 한다.

26. Float * Float 노드에서 연결되지 않는 다른 −3.5 플로트를 만들자.

27. 우리의 Get Up Vector 노드에 이전 단계의 Float * Float 결과 값을 곱하자. 이제 우클릭해 Vector + Vector 노드를 찾아야 한다. 이 벡터를 우리의 GetActor Location 노드에 더한다. 그런 다음, 결과 값을 우리 LineTraceByChannel 노드의 End 핀에 플러그한다.

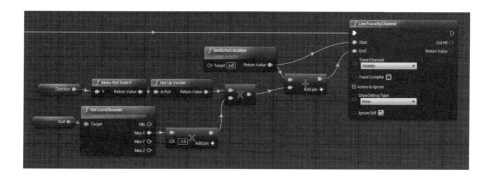

28. 우리의 LineTraceByChannel 노드에서 충돌 결과를 쪼갠다. 그리고 Out Hit Blocking Hit을 찾아 불리언 결과에서 브랜치를 하나 생성한다. 그런 다음 Direction 벡터를 끌어서 SET 변수를 얻자. 이것은 이전에 만든 Branch 노드의 True 출력 핀에 연결돼야 한다.

29. 우리의 Out Hit Normal 핀에서 우클릭해 Make Rot from Y 노드를 생성한다. 이제 이 결과 값을 당겨서 Get Up Vector 노드를 생성해야 한다. 여기에는 상대적인 방향 공간에 대한 월드에서 가져온 노멀normal이 필요하다. 마지막으로는 변수를 얻을 Direction 벡터를 얻어야 한다.

30. 우리의 Direction 변수를 당겨서 놓음으로써 Mirror Vector by Normal을 찾는다. Get Up Vector 노드를 이전 단계에서 Mirror Vector by Normal의 In Normal에 플러그하자. 이 노드의 결과는 SET 변수가 True 선언으로 실행된 Direction 핀에 연결된다.

이 영역을 Bounce current direction off wall cloding in front of ball이라고 코멘트 하자.

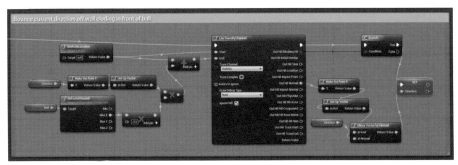

현재 방향의 벽에 튕겨 나오는 블루프린트의 완성된 셋업

이제 우리의 `PhysicsBallBP` 클래스나 에이전트가 업데이트돼 방향 벡터를 처리할 수 있게 됐으므로, 무작위 값으로 초기화할 것이다. 그러면 절차적으로 전진하며 액터가 충돌할 만큼 벽에 가까이 가면 떨어지게 된다.

에이전트 보기

Play를 누르고 에이전트들이 벽에서 튕겨 나오는지 확인하고자 한다. 일단 Play를 누르면 재생돼야 하며, 스폰된 폰은 영구적으로 앞으로 전진할 것이다. 그런 다음, 충돌이 일어나고 나면 방향을 노멀로 미러링할 것이다.

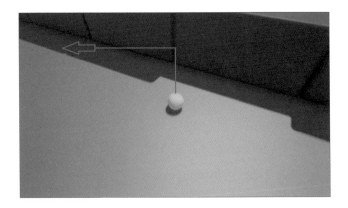

에이전트 따라가기

우리의 에이전트가 어느 방향으로 가든 리더 에이전트를 따라가도록 만들고 싶다. 벽에서 튕겨 나오는 다른 로직을 따르면서도 우리가 원하는 이동 비헤이비어를 넣을 수 있도록, 우리는 다음과 같이 에이전트의 이동에 어떻게 영향을 미치는지 보여주는 예를 만들어볼 것이다.

이 단계에서는 몇 개의 변수와 하나의 함수를 만들어야 한다. 자유 설정에서 작업할 때는 따라가는 액터와 리더 액터를 담아야 한다. 또한 에이전트가 움직여야 하는 방향을 담을 LeaderDirection도 필요하다. 마지막으로, isLeader라는 불리언을 활성화하거나 비활성화함으로써 따라가는 에이전트나 리더 에이전트를 표시할 수 있다.

이런 변수로 리더들을 추적해 따라가는 에이전트를 쫓아가지 않도록 방지하고 데모에서 흥미로운 이동 방식을 만들어내는 한편, 의도치 않은 결과를 피할 수 있다.

따라가느냐 이끄느냐

우리의 FloakingBall BP 클래스를 열고 이벤트 그래프를 살펴보자. 그리고 Spring Arm 변수를 위한 RelativeRotation 핀을 어디에 업데이트할지 찾는다. 이것과 Calculate Direction 사이에 새로운 인스트럭션 세트를 추가할 것이다.

1. 먼저 우리의 에이전트로부터 가까이 있는 아무 액터나 참조해야 한다. SphereOverlapActors 노드에서 할 수 있으니 그래프를 우클릭하고 이것을 찾는다.

2. 이제 Get Actor Location 노드로 가자. 우클릭해 이 노드를 찾고, 이전 단계에서 만들었던 Sphere Pos에 플러그한다. 그다음, Sphere Radius 값을 300으로 설정한다. 이제 Object Types를 당겨서 Make Array 노드를 생성하자. 그럼 Object Types를 Physics Body로 채워야 한다. 그다음, Actor Class Filter 노드를 Flocking Ball로 설정해 원치 않는 결과를 피해야 한다. 마지막으로, 또 다른 Make Array 노드를 생성하는데, 그래프에 우클릭한 후 찾아보면 된다. 그런 다음, 첫 번째 요소에 참조를 Self로 채운다. 그리고 이 어레이를 무시할 액터로 플러그한다. 이 영역을 Search for nearby FlockingBalls라고 코멘트한다.

3. 이제, Out Actors 어레이에 초점을 맞추자. 그래프에서 우클릭하고 For Each Loop를 찾는다. Array Element에서 당겨서 이것을 플로킹볼에 캐스트하자.

   우리가 따라가려고 하는 에이전트가 우리를 따라오고 있는지 알아야 한다. 그렇지 않으면 원치 않는 이동 양식을 겪게 될 수 있다.

4. Casting 변수에서 Leader 변수를 찾아 Self와 같음(==)인지 비교하자. Condition 핀에서 Branch 노드를 생성하자. 결과가 False라면 이제 현 상태로 선두에서 이끌고 있는지, 혹은 다른 선두 에이전트가 있는지, 아니면 따라오는 에이전트가 있는지 확인해야 한다.

   계속 진행하기 전에 이 브랜치를 Don't follow, followers as the leader라고 코멘트한다.

5. 그럼 is Leader 변수를 찾아서 이 변수를 생성한다. 그다음에는 Leader를 찾아 Is

Valid 노드(함수)를 생성한 후 유효한지 확인한다. Follower라는 또 하나의 변수에도 똑같은 작업을 해야 한다.

6. 이제 세 개의 조건을 모두 OR 노드에 연결한다. 이렇게 하면 우리의 조건 중 무엇이든 True를 리턴하면 True가 리턴된다. 이 조건 중 아무것도 True를 리턴하지 않으면, 이미 에이전트를 따라가고 있거나 또 다른 에이전트를 이끌고 있는 것이다.

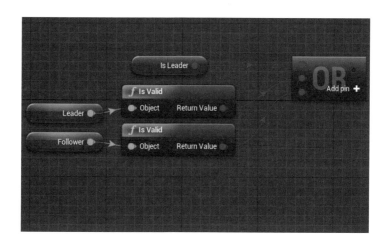

7. 이 OR 노드에서 새로운 Branch 노드를 찾아 Condition 핀에 연결하자. 이제 이 Branch 노드 값이 False라면 IsValid(매크로)라는 새로운 노드를 하나 생성하자. 우리가 확인하고자 하는 오브젝트는 3단계에서 만들었던 캐스팅이다. 이것을 당겨서 IsValid(매크로) 노드 근처에 경로 변경 노드를 생성함으로써 다른 노드들이 쉽게 사용할 수 있도록 한다.

8. IsValid(매크로)가 Is Valid를 리턴하면 Branch 노드를 생성해야 한다. 이 선언의 AND 로직 게이트로 두 조건이 True인지를 체크해야 한다.

9. 먼저, 경로 변경에서 Leader 변수를 얻자. 그런 다음, 이것을 Self와 같지 않은지(!=) 비교할 것이다. AND 로직 게이트를 생성하고 같지 않다(!=)라는 조건의 결과에 대한 첫 번째 핀을 연결한다.

10. 그리고 경로 변경에서 Follower 변수를 취한다. 그다음, 이 노드를 같다(==)를 이용해 비교한다. 다음으로, 이것을 이전 단계의 AND 로직 게이트에 연결한다.

11. 마지막으로, 이 AND 로직 게이트를 Branch 노드로 연결한다. 이 노드가 True를 리턴하면 Follower 핀을 경로 변경에서 설정하자. Follower 핀에 Self 참조를 플러그한다. 그런 다음, 경로 변경에 로컬 Leader 변수를 설정한다.

이 영역을 If we don't have a leader, and we are not one. Find one이라고 코멘트한다.

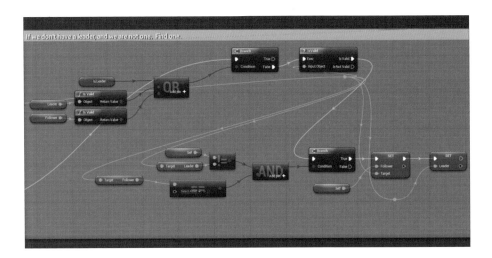

12. 이제 For Each Loop 노드의 Completed 핀으로 간다. 로컬 Leader 변수를 생성하고 Is Valid(함수)를 이용해 유효한지 확인하자. 그리고 Branch 노드를 하나 생성해 이전 노드에서 Condition 핀을 플러그한다.

13. Branch 노드가 False를 리턴하면 SET 변수의 Leader Direction 값을 0.0, 0.0, 0.0으로 설정해야 한다. Branch 노드가 True를 리턴하면 우리의 Leader 변수를 향한 방향을 계산해야 한다.

14. GetActorLocation이라는 새로운 노드를 생성하고, 리턴 값에서 Get Direction Vector를 생성할 것이다. 이제 그래프에서 우클릭하고 로컬 Leader 변수를 찾자. 그런 다음, Leader 변수에서 GetActorLocation을 생성하고 이것을 Get Direction Vector의 To 핀으로 플러그한다.

15. Get Direction Vector 노드에서 Return Value를 당겨 Make Rot from Y를 생성한

다. 그런 다음, 이전의 회전에서 Get Up Vector를 생성해야 한다. 그다음에 Return Value에서, SET 변수의 Leader Direction으로 갈 것이다.

16. Leader Direction 로컬 변수들은 둘 다 Calculating Direction이라고 코멘트된 영역으로 이끌어갈 것이다. 또한 Calculate Direction으로 가서 최종 방향 계산에 Leader Direction을 추가해야 한다.

이 영역을 Calculate Leader Direction이라고 코멘트하자.

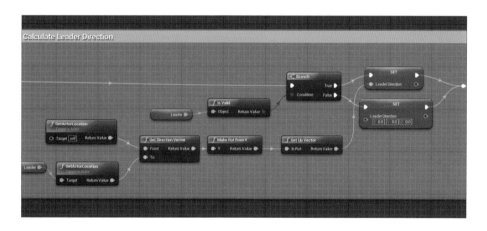

 이제 Play를 누르면 무슨 일이 일어나는지 볼 수 있다. 따라가는 에이전트를 형성하기 시작한 작은 그룹들은 서로를 지나가면서 리더를 찾는다.

스티어링 비헤이비어: 군집

군집flocking은 분산, 결합, 정렬이 합쳐진 스티어링 비헤이비어다. 분산 비헤이비어는 주변의 다른 에이전트들을 피하고, 결합 비헤이비어는 에이전트들을 그룹으로 유지한다. 정렬 비헤이비어는 주변 에이전트들과 동조함으로써 나아가는 방향의 평균을 내준다.

여기에서 우리가 할 것은 스티어링 비헤이비어인 군집을 블루프린트에서 복제하는 것이다. 또한 UMG를 이용해 각 비헤이비어의 영향력을 조정할 것이다. 그럼 이제 필요한 변수들을 만들어 시작해보자.

군집 에이전트

먼저 개별 비헤이비어를 계산하는 데 필요한 변수들을 생성해야 한다. 그런 다음, 우리의 에이전트가 최종적으로 나아갈 방향을 표준화할 결과들을 추가해야 한다.

RollingGameMode 게임 모드에 초점을 맞추고 이 장 후반에서 사용해야 할 새로운 세 개의 글로벌 변수를 추가하자. 그리고 세 가지 행동 양식 각각에 GlobalAlignment, GlobalCohesion, GlobalSeparation을 생성해야 한다.

1. RollingGameMode를 열고 이벤트 그래프에 초점을 맞춘다. 그런 다음, 세 개의 변수를 플로트 타입의 디폴트 값 0.0으로 생성한다.

 이제 다시 FlockingBall 이벤트 그래프로 돌아오자.

2. 그리고 NCohesion, NAlignment, NSeperation이라는 세 개의 벡터 변수를 생성해야 한다.
3. ForEachLoop 전의 SphereOverlapActors 노드에 초점을 맞추자. 여기서 방금 생성한 세 벡터의 이전 값은 다 지울 것이다. 각각의 군집 비헤이비어를 위한 것인데 0, 0, 0으로 설정할 것이다.

   이 영역에 Clear any values라고 코멘트하자.

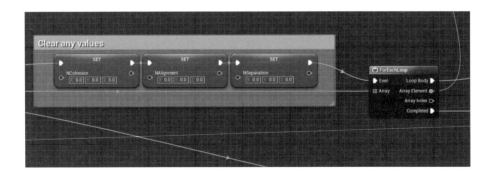

4. 이제, 이전에 Don't follow, follwers as the leader라고 코멘트했던 부분 앞에 공간을 넣어 ForEachLoop 노드에서 Loop Body 핀 연결을 만들자.

5. 먼저 주변 에이전트들을 같은 방향으로 스티어링하게 하는 Nalignment를 계산해 주변 에이전트들의 방향 벡터 평균을 낼 것이다.

6. 이제 로컬 변수 Nalignment를 설정해야 하는데, 우선 Cast to FlockingBall 노드에서 Direction 변수를 구할 것이다. 이제 Direction 값에 이 에이전트가 우리의 에이전트로부터 떨어져 있는 거리의 강도를 곱해야 한다.

7. 먼저 우리와 에이전트 사이의 벡터 길이를 계산해야 한다. 다른 에이전트의 위치에서 우리의 위치를 빼면 된다. 그러고 나면 이 결과에서 VetorLength 값을 얻을 것이다. 그리고 Map Range Clamped를 생성한 후 VectorLength 노드의 결과를 Value 핀에 플러그할 것이다.

8. 이제 Map Range Clamped 노드를 설정하려면 In Range B를 300.0으로 설정한 다음, Out Range A를 1.0으로 설정하자. 이렇게 하면 0 유닛이 있고 300 유닛을 넘는 강도는 존재하지 않을 때 가장 강도가 높아진다. 이 리턴 값은 이제 Direction 값에 곱해야 한다.

9. 그런 다음, 이 결과 값을 Nalignment에 추가하고 이를 다시 로컬 Nalignment 변수로 설정한다.

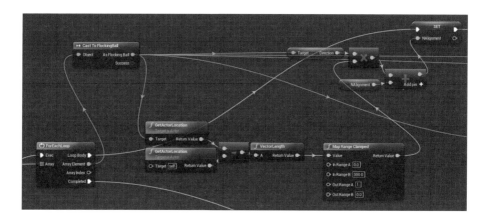

10. 이제 주변 에이전트들의 중심으로 에이전트를 스티어링하게 하는 결집을 계산해

야 한다. 이것이 에이전트 집단의 중심 방향이다.

11. 먼저, GetActorLocation(A) 노드를 생성하고 A 핀과 경로 변경의 GetActorLocation (B) 노드를 연결하는 Lerp (vector) 노드를 생성하자. Alpha 값은 6단계의 Map Range Clamped의 Return Value여야 한다.

12. 그런 다음, Lerp (vector) 노드의 Return Value를 NCohesion에 추가해야 한다. 그리고 우리의 로컬 NCohesion 변수를 최종 결과로 설정할 것이다. 이렇게 하면 이제 주변 각 에이전트의 NCohesion 변수가 업데이트된다.

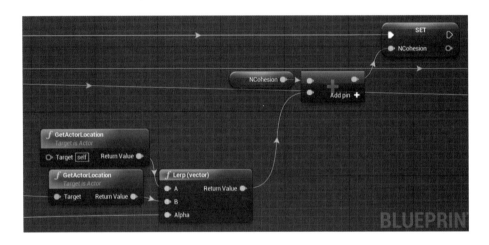

13. 마지막으로 계산할 행동 양식은 분산으로, 에이전트들이 주변 에이전트로부터 멀리 가도록 한다. 이것이 우리의 에이전트로부터 다른 에이전트로의 Direction 벡터다.

14. 먼저 우리 에이전트의 GetActorLocation 노드에서 GetActorLocation 노드를 빼야 한다. 그러면 이것이 Lerp (vector) 노드의 B가 된다. Map Range Clamped 노드의 Return Value로 돌아가서 이것을 Lerp (vector) 노드의 Alpha 핀에 플러그한다. A는 비운 채로 둔다.

15. 그런 다음, Lerp (vector) Return Value NSeparation에 더해야 한다. 마지막으로, 로컬 NSepration 변수를 결과로 설정할 것이다. 이 영역을 Calculate Each Behavior for nearby Agents라고 코멘트하자.

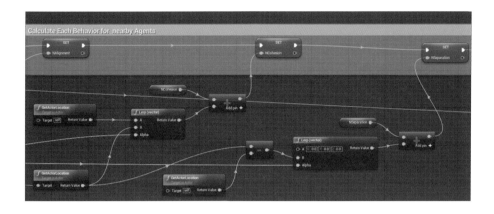

16. Loop Body 변수에서 Completed에 초점을 맞추자.

    이제 세 가지 행동 양식의 계산을 마쳐야 한다.

17. 평균에서 얼마나 떨어지게 할지 알아내기 위해 SphereOverlapActors에서 반환된 어레이의 길이를 구하자. 그리고 이것을 정수에서 플로트로 변환할 것이다. 그러고 나면 NAlignment 변수를 나눠서 Normalize 노드를 이용해 결과를 표준화할 수 있다. 그런 다음, 우리가 RollingGameMode에서 정의한 글로벌 변수를 얻어야 한다.

18. Get Game Mode 노드를 생성하고 RollingGameMode를 캐스트해 우리의 변수에 액세스하자. 그런 다음, RollingGameMode에서 이전 단계의 Normalize 결과를 캐스트하고 곱해서 Global Alignment 변수를 얻을 것이다. 그런 다음, 이 결과로 NAlignment 변수를 설정해야 한다.

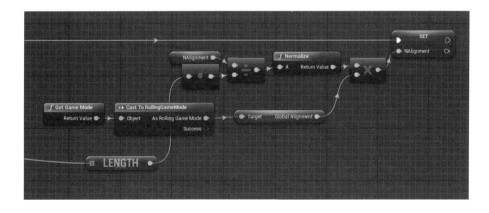

19. 그다음에는 결집을 계산해야 한다. 이를 위해서는 로컬 NCohesion 변수를 어레이 길이로 나누고 나서 이것을 GetActorLocation 노드에서 빼야 한다. 그런 다음, Normalize 함수를 적용해 우리가 원하는 결과를 얻는다.

20. 이어서 결과 값을 우리 `RollingGameMode`의 Global Cohesion 변수로 곱한다. 그다음, 이것을 우리의 NCohesion 변수로 설정한다.

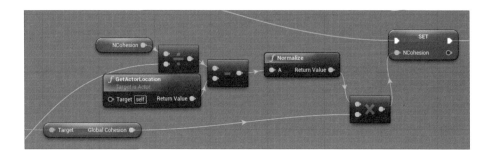

21. 이전 과정과 비슷하게, 우리의 NSeparation 변수를 구해서 이전처럼 어레이 길이로 나눠야 한다. 그리고 결과에 −1을 곱한 다음, 그 결과에 Global Separation 변수를 곱한다.

22. 마지막으로, 결과를 가져와서 우리의 로컬 NSepration 변수로 설정할 것이다. 이영역에 Calculating Flocking Steering Behavior − outputs NCohession, NAlignment, NSeperation이라고 코멘트하자.

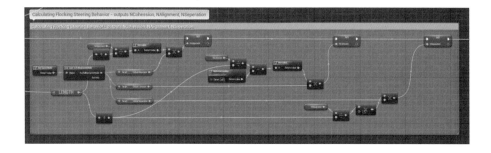

23. 그런 다음, Calculate Direction을 찾아서 변수 각각을 이 에이전트의 Direction 변수의 최종 계산에 더해야 한다.

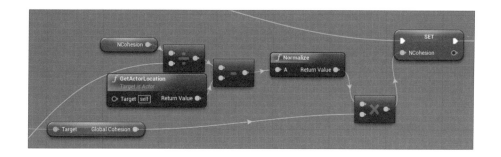

24. 마지막으로는 이 과정의 다음 섹션을 준비해야 한다. 그럼 Blueprint 위에서 왼쪽 빈 공간을 찾아 새로운 코드를 추가해보자.

25. 새로운 커스텀 이벤트 ResetBall을 추가한다.

26. 그리고 이 에이전트를 위한 SetActorLocation 노드를 생성하고, 우리가 처음에 설정했던 Start Location 변수에 대한 New Location을 설정해보자.

27. 이제 새 방향을 설정해야 하므로, 먼저 SET 노드에서 Direction 변수를 구해야 한다. 그다음, 구조를 나눠 Random Unit Vector 노드에서 Return Value X와 Return Value Y만 적용할 것이다.

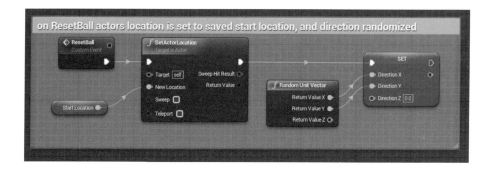

UMG를 이용한 비헤이비어 컨트롤

이 부분에서는 UMG를 만져서 우리의 에이전트에 영향을 미치는 비헤이비어를 컨트롤하고자 한다. 먼저 UMG 위젯을 생성하고, 적절한 컨트롤로 세 개의 플로트 변수를 조작하게 만들자. 그런 다음, 이 사용자 위젯을 빙의하고 있는 플레이어 컨트롤러에

배정해야 한다. 그리고 에이전트들을 원래의 위치로 리셋시켜 시뮬레이션을 새로 시
작할 함수를 추가해 마치겠다.

단순한 UI

Content Browser를 찾아가서 새로운 Widget 블루프린트를 하나 생성하고 FlockingUI
라 이름 붙이자. 이것을 열고 Designer 탭으로 가서, 다음처럼 시작하자.

1. Vertical Box를 우리의 Hierarchy 패널로 끌어오자.
2. 그다음에 슬롯(Canvas Panel) 속성을 Size X 값은 350.0으로, Size Y 값은 600.0으
   로 설정한다.
3. 그런 다음, 버튼 하나를 Vertical Box 밑의 Hierarchy 클래스로 끌어온다. 이 버튼
   의 이름을 ResetButton이라고 수정한 다음, Vertical Box 슬롯의 Padding 속성을
   75.0, 25.0으로 설정한다.
4. 마지막으로, Text를 ResetButton 밑의 Hierarchy 클래스로 끌어온다. 그리고 텍스
   트 속성을 Text에서 "Reset"으로 설정한다.

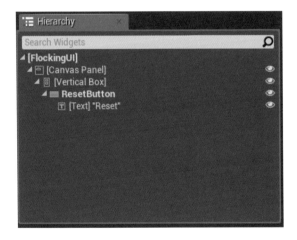

5. 이제 Horizontal Box를 Vertical Box 밑의 Hierarchy 클래스로 끌어온다. 그리고
   Horizontal Box 안에 Text와 Slider라는 두 개의 위젯을 더 추가한다.
6. 이제 Horizontal Box와 그 자녀를 Hierarchy 클래스 안에 두 번 더 복제해야 한다.

7. 우클릭하고 Horizontal Box를 복사한 다음, Vertical Box로 두 번 붙여 넣는다.

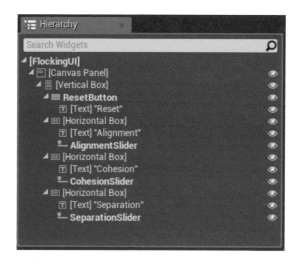

8. 그런 다음, 위젯의 이름을 조직적으로 바꿔서 사용할 것이다. 순서대로, 첫 번째 슬라이더는 AlignmentSlider, 두 번째 슬라이더는 CohesionSlider, 마지막 슬라이더는 SeparationSlider라고 이름 붙이자.

9. 이제 순서대로, 이 세 개의 이름에 Alignment, Cohesion, Separation이라는 텍스트 속성 Text를 설정하자. 그런 다음, Padding 텍스트 속성을 7.5로 설정할 것이다. 이 작업을 마치고 나면 다음 스크린샷과 같이 보일 것이다.

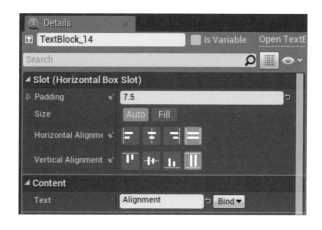

10. 우리의 Global 변수를 업데이트하려면 세 개의 슬라이더에서 이벤트를 생성해야한다. AlignmentSlider부터 시작한 다음, Events 아래로 가서 OnValueChanged의 +옵션을 클릭한다. 그런 다음, 이 이벤트가 호출되면 `RollingGameMode`에서 GlobalAlignment 변수가 업데이트된다.

11. 이제 나머지 두 개의 슬라이더인 CohesionSlider와 SeparationSlider에 대해서도해당되는 글로벌 값을 위와 같은 요령으로 업데이트한다.

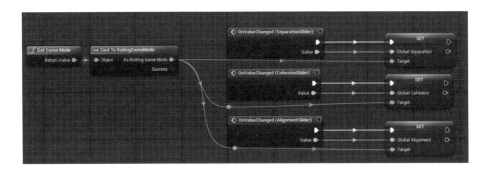

12. 다시 이 사용자 위젯의 Designer 탭에 초점을 맞추자. 그런 다음, 이전 단계에서만들었던 ResetButton 이벤트를 클릭한다.

13. Events로 내려가서 OnPressed의 + 옵션을 클릭해야 한다. 이렇게 하면 방금 생성한 이벤트가 나온다.

14. 이제 핀을 당겨 Get All Actors Of Class를 호출한다. 그리고 Actor Class 값을Flocking Ball로 만들어야 한다. 그러고 나면 Our Actors 액터는 월드에서 어레이로 Flocking Ball의 모든 인스턴스를 리턴할 것이다.

15. 마지막으로는 Out Actors를 당겨서 Reset Ball을 호출해야 한다. 이렇게 하면 모든에이전트에 시뮬레이션 리셋이 통보된다.

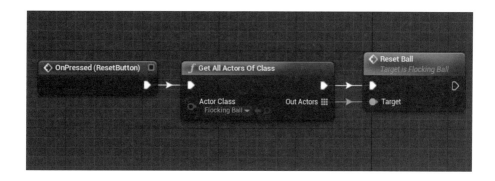

16. 이제 이벤트 그래프의 Flocking Ball로 돌아가서 더 많은 블루프린트 코드를 추가해야 한다. Reset Ball 이벤트 위의 빈 공간을 찾는다.

17. 우클릭하고 Event Possessed를 찾는다. 새로운 컨트롤러를 플레이 컨트롤러에 캐스트한 다음, As Player Controller를 당겨서 Create Widget을 찾는다. 이 노드를 위한 Class 핀을 FlockingUI로 설정한다.

18. 다음으로, Return Value를 당겨서 Add to Viewport를 호출한다. 마지막으로, 플레이어가 위젯에 상호작용할 수 있도록 마우스를 보여줄 필요가 있다.

19. 우클릭하고 Get Player Controller를 찾는다. Return Value를 당겨서 Show Mouse Cursor를 찾는다.

이 영역을 Enable Flocking UI & Mouse Visibility라고 코멘트한다.

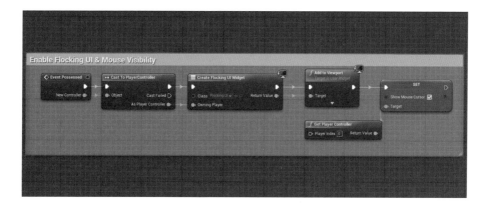

이제 모두 다 컴파일해본다. Save All을 클릭하고 다시 맵으로 돌아가보자. Play를 누르면 에이전트들이 벽에 충돌하면 튕겨져 나오는 것을 볼 수 있다. 그런 다음, 다른 비헤이비어들을 켜면 이 역시 우리 에이전트의 방향에 영향을 미치는 것을 볼 수 있다.

다음은 모든 것을 넣은 후 우리의 최종적인 레벨을 보여주는 스크린샷이다.

요약

이 장에서 연습해본 내용을 정리해보자. 먼저, 우리의 에이전트들이 벽에서 튕겨 나가도록 설정해 에이전트들의 이동 시뮬레이션과 함께 네 가지 비헤이비어가 여기에 어떻게 영향을 미치는지 확인했다. 그런 다음, 따라가는 에이전트와 리더의 비헤이비어를 적용해 시뮬레이션 도중 그룹이 형성되도록 했다.

마지막으로는 세 가지 비헤이비어로 나뉘는 군집 이동을 적용했다. 첫 번째 비헤이비어는 정렬로, 에이전트들이 근처 에이전트들과 열을 맞추게 해준다. 두 번째 비헤이비어인 결집은 에이전트들을 주위 에이전트들의 중심으로 이끈다. 세 번째 비헤이비어인 분산은 에이전트들이 주변 에이전트로부터 멀리 가도록 만든다.

그런 다음, 우리는 간단히 UI를 생성해 우리가 만든 중요도를 컨트롤함으로써 에이전트들이 시뮬레이션 도중 언제든 리셋될 수 있도록 했다.

이렇게 다양한 이동 비헤이비어를 다뤄봤으니, 이제는 그동안 AI에 대해 살펴봤던 모든 것들을 합쳐볼 때가 됐다. 다음 장에서는 순찰을 돌고, 적을 찾아다니며, 적을 발견하면 파괴할 AI 캐릭터를 생성해본다. 그럼 다음 장으로 가서 시작해보자!

[08] 순찰, 추적, 공격하는 AI

이 장에서는 이전 장들에서 사용했던 AI 감각을 포함해 AI 내비게이션에 활용하는 여러 컴포넌트를 조합해본다. 그런 다음, 중간중간 AI가 탐지한 캐릭터를 추적하도록 무작위성을 추가할 것이다. 이제 8장에서는 다른 AI 컴포넌트를 활용하면서 비헤이비어 트리를 사용하는 AI를 만들 수 있다. 이런 컴포넌트를 합치면 즉각 반응하면서 그럴듯해 보이는 AI의 행동 양식을 만들어낼 수 있다.

이 장의 목표는 비헤이비어 트리를 활용해 여러분에게 무기를 발사하는 AI를 만드는 것이며, 이 마지막 AI 컴포넌트는 다른 완벽한 해결책이 없기에 상당히 큰 도움이 될 것이다. 따라서 사용할 수 있는 각 툴에 대해 제대로 이해해야만 AI를 활용할 때 각 컴포넌트의 어떤 장점을 활용할 수 있는지 파악할 수 있다. 이런 툴들은 반응성이 뛰어나고 그럴듯한 AI를 만들 수 있게 해준다.

블랙보드 생성

블랙보드는 비헤이비어 트리의 로컬 변수 공간을 정의한다. 또한 블랙보드는 동일한 블랙보드의 다른 인스턴스들과 동기화시킬 수도 있다. 비헤이비어 트리에 필요한 모든 것들을 다 찾아낼 때까지 블랙보드를 자주 수정해야 하기 때문에 일단 만들어두는 게 좋다.

우리는 먼저 블랙보드 데이터를 생성한 다음 비헤이비어 트리에 넣을 것이다. 그럼 시작해보자! 다음과 같이 하면 된다.

1. Content 폴더를 우클릭해 AI라는 새로운 폴더를 생성한다.

2. 이제 폴더 안을 우클릭하고 아래로 스크롤해 **Artificial Intelligence**를 찾은 다음, **Blackboard**를 클릭한다. EnemyData라고 이름 붙이자.

3. EnemyData를 열고 나서 비헤이비어 트리에 이용할 두 개의 오브젝트 변수를 생성한다. 하나는 TargetActor라 이름 붙이고, 다른 하나는 CurrentRoute라 이름 붙인다.

 이뉴머레이션을 이용한다면 이 오브젝트들에 액터를 정의하는 것과 같은 방식으로 이 뉴머레이션을 정의할 수 있다.

4. **TargetActor**를 클릭하고 드롭다운 메뉴에서 **Key Type** 옵션을 선택한다. 그런 다음 **Base Class** 값을 **Actor**로 바꾼다. 다음 스크린샷처럼 **CurrentRoute**와 동일하게 처리하자.

비헤이비어 트리는 구조적 다이어그램으로 플로우 컨트롤을 지시하는 노드들로 구성된 트리로서, 각 리프 노드^leaf node^는 AI가 실행할 실제의 코드를 표시한다. 이 때문에 AI는 받는 입력에 따라 적절한 일련의 결정을 내리게 된다. 이 부분에서 우리가 무엇을 만들지 미리 볼 수 있도록 언리얼 엔진 4의 비헤이비어 트리에 대한 샘플 스크린샷을 한번 살펴보자.

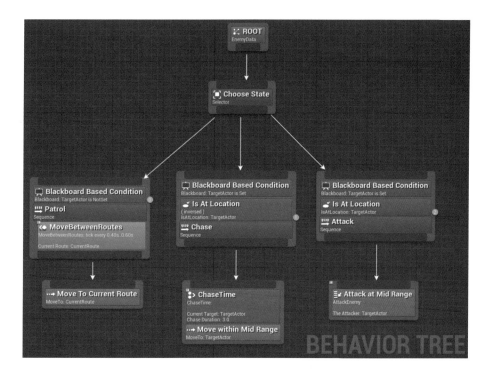

월드에는 많은 형태의 상태 기계들이 있을 수 있다. 비헤이비어 트리는 노드에 서브 트리가 있는 트리의 형태를 띤다. 또한 플로우 컨트롤을 가능하게 해주는 컴포짓이 있어서 리프들이 실행되며, 여기에도 추가적인 플로우 컨트롤이 있다. 그래서 수많은 컨트롤이 있는 높은 뎁스^{depth}의 비헤이비어 트리를 만들 수 있게 해준다.

그럼 이제부터 트리를 직접 만들면서 이후에는 무엇을 할 수 있을지 빠르게 살펴보자.

1. EventGraph를 우클릭해 아래로 스크롤하며 Artificial Intelligence를 찾는다. 이제 Behavior Tree를 클릭해 EnemyAI라고 이름을 바꾸자.
2. EnemyAI를 열면 EnemyData가 ROOT로 채워져 있는 것을 볼 수 있다. 그렇지 않다 면 ROOT 노드를 클릭해 블랙보드 애셋을 EnemyData로 설정한다.

중간 거리 공격

우리 눈의 중앙으로부터 나오는 라인 트레이스가 AI를 어떻게 공격할지, AI가 우리를 어떻게 공격할지 결정한다. 우리는 간단히 라인 트레이스를 구동한 다음, 이 위에 디버그^{debug} 라인을 그려 플레이어의 이마에서 발사돼 나오는 멋진 빨간색 빔을 만들 것이다! 제대로 작동하는지 테스트한 다음, 두 플레이어 모두에 적용해본다.

그럼 이 기능을 생성하기 전에 시간을 절약할 수 있도록 다른 작업을 먼저 해보자. 기능이 모든 블루프린트 그래프에 공유되도록 블루프린트 함수 라이브러리^{Blueprint Function Library}에 넣는 작업이다.

이 기능이 AI컨트롤러와 플레이어 컨트롤러 양쪽 모두에 유용해지려면, 입력은 컨트롤러를 넣고 출력은 액터로 해야 한다. 또한 필요한 곳에 빨간색 빔을 그려 넣는 것을 이 기능이 처리해줄 것이다.

1. 우클릭해 Blueprints로 간 다음에 Blueprint Function Library로 간다. EnemyLibrary 라 이름을 붙이고 열어보자.
2. 왼쪽에 새로운 Function을 추가한다. 이름은 LaserFromController라고 붙인다. 첫 번째 입력은 theController라는 컨트롤러로 만들고, 출력은 Hit Actor라는 액터로 만든다. 마지막으로, foundActor라는 Local Variable을 하나 생성하는데 타입은 Actor로 만든다.
3. 컨트롤러를 당겨서 Get Controlled Pawn을 찾는다. 여기에서 캐릭터의 회전에 따라 라인 트레이스를 생성할 것이다. 그리고 Get Controlled Pawn을 당겨서 Get Actor Forward Vector를 찾는다.

4. Get Actor Forward Vector에 9999999를 곱하자.

5. 3단계의 Get Controlled Pawn으로 돌아간다. 그런 다음, 삼인칭 캐릭터에 캐스트하면 이제 Mesh 변수에 액세스할 수 있다. 우리 머리뼈의 위치를 Get Socket Location으로 설정하자.

6. 그런 다음, ReturnValue를 당겨서 Vector + Vector를 찾고, 이제 Z 변수에서 12.0을 더한다.

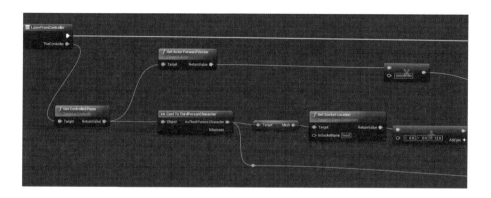

7. 이제 4단계의 결과를 6단계의 Vector + Vector 노드 결과에 더해야 한다. 그런 다음, 여러 오브젝트에 라인 트레이스로 갈 것이다. LineTraceForObjects를 찾은 다음, 그 결과를 우리가 방금 생성한 End 핀에 플러그한다.

8. 이제 이전 단계에서 생성한 노드의 Start 값을 시작에 있는 Vector + Vector 노드의 결과로 설정하자. 그런 다음, 그 빔이 머리에서 시작해 공간 전방으로 그려지도록 해야 한다.

9. Object Types를 당겨서 어레이를 하나 생성한 다음, 폰을 채워 넣는다.

10. ActorsToIgnore를 당겨서 어레이를 하나 생성한 다음, Cast To ThirdPersonCharactor 노드를 0 요소로 채워 넣는다.

11. LineTraceForObjects에서 OutHitResult를 분리한다. 그리고 OutHit bBlockingHit를 당겨서 Branch를 찾는다.

12. 우클릭하고 Apply Damage를 찾은 다음, Branch 노드의 true 실행 핀을 이 노드에 연결한다. OutHit HitActor를 당겨서 Apply Damage의 DamagedActor 핀에 꽂는다.

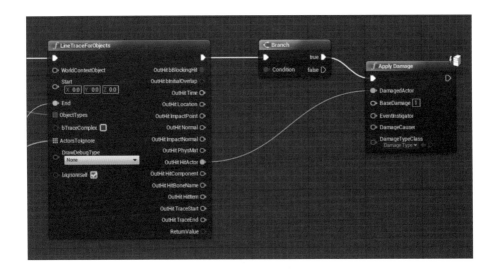

13. 이제 우클릭해 Draw Debug Line을 찾는다. LineStart 핀을 6단계의 결과에 연결해야 하는데, 여기가 우리의 라인 시작점이다. 그런 다음, 우리가 LineEnd에 플러그해야 할 OutHit Location을 당긴다. LineColor의 값을 빨간색으로 선택하고 Duration은 0.2, Thickness는 3으로 선택한다.

14. 마지막으로, 로컬 Found Actor 변수를 당겨서 설정한다. OutHit HitActor를 당겨서 우리의 로컬 변수로 설정한다. 그런 다음, 이것을 Return Node로 보낸다.

15. Draw Debug Line을 복제해 Branch 노드의 false 실행 핀에 연결하고자 한다.

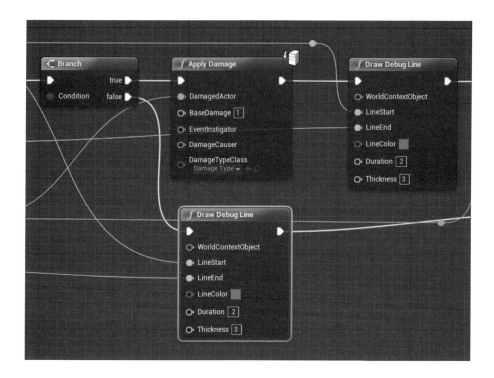

16. LineEnd의 Outfit Location을 구하는 대신, 7단계의 결과를 구할 것이다.

17. 그런 다음, 이 끝을 Return Node에 플러그한다. Return Node의 Hit Actor 핀은 우리의 Found Actor 변수로 채워진다.

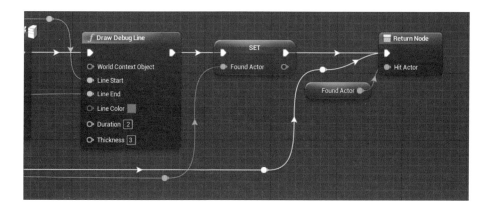

컨트롤러

이번 예제에서는 플레이어 컨트롤러에 데미지를 입고 적용하는 능력을 줄 것이다. AI 를 마무리하면 바로 처리돼 AI와 싸울 수 있게 된다. 또한 그 과정에서 AI 퍼셉션을 활용하며 컨트롤러에 자극^{Stimuli} 원천을 등록해야 한다. 그다음에는 AI컨트롤러를 설정할 것이다. 그리고 AI컨트롤러에 자극을 감지할 수 있는 능력을 넣을 것이다. 그다음, 액터 컴포넌트를 하나 생성해 비헤이비어 트리를 업데이트하는 데 필요한 함수를 넣을 것이다.

그럼 이제 다음과 같이 이런 기본 컴포넌트들을 생성해보자.

1. AI 폴더에서 우클릭하고 Blueprint를 선택한다. 그런 다음, 옵션에서 Player Controller를 선택한다. 그리고 `OutController`라 이름 붙인다.

2. Event Graph를 열고 Event BeginPlay를 찾는다.

3. 근처를 우클릭하고 Get Controlled Pawn을 찾는다. 그런 다음, Return Value를 당겨서 Assign OnTakeAnyDamage를 찾는다.

4. 이렇게 하면 OnTakeAnyDamage 이벤트와 출력인 Damage가 생성된다.

5. 우리의 Health 변수를 담을 변수를 생성해야 한다. Add variable을 클릭하고 Health 라는 이름의 플로트 변수를 만든다. 디폴트 값을 5로 설정한다.

6. OnTakeAnyDamage를 찾아서 Damage를 당기고 Health에서 뺀다. 그런 다음, 결과 값을 우리의 Health 변수로 설정한다. 그다음, Health가 0.0과 같거나 작은지 확인할 것이다.

7. 결과에서 Branch 노드를 하나 생성한다. True에서 당겨서 우클릭한 다음, DestroyActor를 찾는다. 이것을 Player Died로 채우고 우클릭한 다음에 DestroyActor를 찾는다.

8. 우클릭하고 Get Controlled Pawn을 찾은 다음, 이것을 이전 단계에서 언급한 DestroyActor의 Target 핀에 플러그한다. 이제 우리의 AI는 상대로부터 피해를 입을 수 있다.

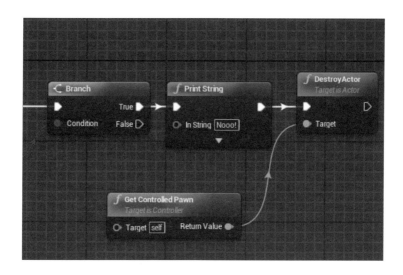

9. 우클릭해서 E Input 이벤트를 찾는다. 그리고 Pressed를 당기고 놓아서 Sequence를 찾는다. Then 0을 당기고 놓아서 DoOnce를 찾은 다음, Then 1을 당기고 놓아서 Delay를 찾는다. 이제 Duration을 0.75로 설정하고 Completed를 DoOnce의 Reset 핀에 플러그한다.

10. DoOnce를 찾아 Completed에서 당기고 놓아서 LaserfromController를 찾는다. 그리고 Hit Actor를 당기고 놓아서 Apply Damage를 찾는다. Duration을 1.0으로, Damage Causer를 Self로 설정한다.

11. 이제 이 컨트롤러를 StimuliSource로 추가해야 한다. Components 섹션에서 Add Component를 클릭하고 AIPerceptionStimuliSource를 찾는다.

12. Register를 Source for Senses로 클릭하고 나서 +를 클릭한다. 가능한 옵션 중에서 AISense_Sight를 선택하자.

이제 컴파일하자. 플레이어 컨트롤러 설정은 모두 끝났다. 이제는 우리의 AI가 우리에게 반격할 수 있도록 AI컨트롤러 설정을 생성해야 한다.

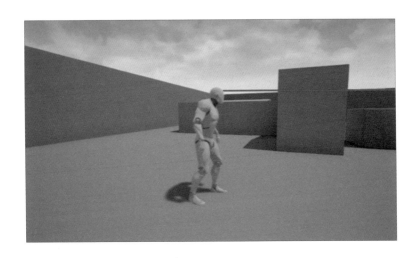

우리의 AI컨트롤러는 다음과 같이 설정하자.

1. 우클릭해서 **Blueprint**를 클릭한다. 모든 클래스에서 **AI Controller**를 찾는다. 선택한 다음, **Select**를 클릭해 생성한다. `EnemyController`라 이름 붙이고 이벤트 그래프 에서 연다.

2. **Health**라는 이름으로 새로운 플로트 변수를 생성하자. 그런 다음, 디폴트 값을 5.0으로 설정한다.

3. 시작 부분은 두 캐릭터가 똑같지만 한 가지 사소한 변경이 필요하다. 그러므로 `Our Controller`의 코드를 복사하거나 이전 절의 2번 단계에서 시작해도 된다. 다음 스크린샷에 보이는 부분을 복사해 `OurController`의 `EnemyController`에 넣을 것이다.

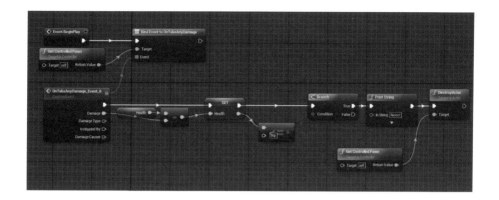

4. Bind Event to OnTakeAnyDamage 이벤트의 끝에서 당기고 놓아서 Run Behavior Tree를 찾는다. BT Asset 값을 우리가 이 장의 초반에 생성했던 애셋인 EnemyAI로 설정한다. 이제 트리의 코드가 이 AI컨트롤러에서 구동될 것이다.

5. 이제 AI가 데미지를 입을 수 있으므로, 플레이어를 감지해야 한다. 이것은 AI 퍼셉션 컴포넌트로 처리할 것이다.

6. Components 섹션에서 Add Component를 클릭하고 AI Perception을 찾는다. 이것을 추가한 다음, 오른쪽에 있는 AI Perception에서 드롭다운 메뉴의 Senses Cofig를 선택하고 +를 누른다. 그런 다음, 이것을 AI Sight Config로 설정하고 드롭다운 메뉴에서 Sense를 선택한다.

7. Affiliation의 드롭다운에서 Detection을 선택하고 Detect Neutrals를 체크한다.

8. Events 아래로 가서 OnPerceptionUpdated를 클릭해 현재 감지된 액터를 얻는다.

9. OnPerceptionUpdated (AIPerception)을 당겼다 놓아서 Sequence를 찾는다. 그리고 then_0을 끌었다 놓아서 DoOnce를 찾자. 그런 다음, then_1을 Delay 노드의 Duration 핀으로 설정해야 한다. Duration 1로 설정하고, Completed를 Reset으로 연결한다.

10. DoOnce에 초점을 맞춘다. Completed에서 당기고 놓아서 Stop Movement를 찾는다. 우클릭하고 Blackboard를 찾는다. 그리고 Blackboard를 당겼다 놓아서 Set Value as Object를 찾는다. 우클릭하고 Make Literal Name을 찾아서 Key Name에 플러그한다. UpdatedActors의 첫 번째 요소를 구해서 이것을 Object Value에 플러그한다.

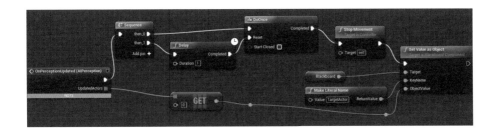

이제 AI는 즉시 비헤이비어 트리에 감지된 액터들에 보고하게 되며, 그러면 이것이 즉시 우리 AI의 다음 결정에 이용될 수 있다.

웨이포인트

AI 감각 프로젝트와 비슷하게, 웨이포인트 역시 다음 번 웨이포인트를 참조한다. 두 개의 웨이포인트 사이에 단순한 링크를 넣어 우리의 AI가 찾아갈 경로를 생성할 수 있는 것이다.

이제 이런 웨이포인트를 만들 차례다. 다음 과정을 따라 하자.

1. 먼저 Folder 섹션 안의 공간에서 우클릭해 Blueprint로 간 다음, 하단 끝에서 TargetPoint의 All Classes를 찾는다. 이것을 선택한 다음에 Select를 클릭해 생성한다. 그런 다음, 이름을 Waypoint라 붙이고 이벤트 그래프에서 연다.

2. My Blueprint 아래 왼쪽에 NextWaypoint라는 이름의 변수 웨이포인트를 추가한다. 이것을 다음 번에 지나갈 웨이포인트를 찾는 데 사용할 것이다.

3. 레벨에 네 개의 웨이포인트를 추가하고 NextWaypoint 변수를 이용해 모두 링크한다. 연결은 A → B → C → D → 와 비슷하게 보여야 한다. 그런 다음 D를 A에 연결해 닫힌 순환 고리를 만든다.

BT 컴포짓, 태스크, 데코레이터, 서비스

태스크는 컴포짓에 의해 수행된다. 컴포짓은 비헤이비어 트리 안에서 직접적으로 플로우 컨트롤에 영향을 미치므로 중요하다.

이 책을 쓰고 있는 현재 컴포짓은 시퀀스^{sequence}, 선택기^{selector}, 단순 병렬^{simple parallel}이렇게 세 가지 종류가 있다. 각각 어떤 것인지 자세히 살펴보자.

- 시퀀스: 각 노드를 실행해 마지막 노드에서 성공이 반환된다. 하지만 노드 중 하나라도 실패하면 즉시 실패가 반환되며 나머지 리프들은 중단된다.
- 선택기: 각 노드를 실행해 즉시 성공이 반환되며 나머지 리프는 중단된다. 한 노드에서 실패가 반환되면 마지막 자녀 노드에서 실패가 반환되더라도 실패만을 반환한다.
- 단순 병렬: 한 태스크를 실행하며 동시에 서브 트리를 실행한다. 예를 들어 걷는 태스크를 수행하면서 또 다른 트리에서 결정할 수 있도록 해준다.

태스크는 보통 AI 액션에 직접 영향을 미치는 코드를 담고 있으므로 수정하는 마지막 노드가 돼야 한다. 우리는 태스크를 직접 만들면서 이것이 비헤이비어 트리와 어떻게 커뮤니케이션하는지 알아본다.

데코레이터는 컴포짓이나 태스크의 시작 지점에서 실행돼 해당 컴포짓이나 노드가 실행돼야 하는지 판단할 수 있다. 따라서 예를 들어, 문과 괴물 모드가 있어야만 문이 부서지도록 실행하는 것처럼 특수한 태스크의 커스텀 확인을 만들기에 적합하다.

서비스는 서브 트리가 활성화돼 있는 동안에만 실행된다. 즉 틱^{tick}이 적용된다는 뜻이다. 이로써 게임에서 즉시 변경을 가할 수 있는 정보를 모으거나 업데이트할 수 있게 된다. 예를 들어 총 발사 서비스는 플레이어가 시야에 있을 때 총 발사를 담당한다. 또한 그다음에는 총 발사를 관장하고, 원하지 않을 때 방해받는 일을 방지해주기도 한다.

이 부분에서는 단순 병렬 외의 모든 것을 이용할 것이다. 그럼 시작해보자!

먼저 데코레이터를 하나 생성할 텐데, 이 데코레이터는 제한 시간이 끝나고 나면 트리에서 나가게 해줄 것이다. 우리의 경우에는 3.0초며, 다음과 같이 이동 상태가 아이들^{idle}이 아닐 때는 CurrentTarget을 제거할 것이다.

1. 그래프를 우클릭하고 Blueprint를 클릭한다. 그런 다음, All Classes로 내려가서 BTD를 찾는다. BTDecorator를 클릭한 다음, Select를 눌러서 새로운 BT 데코레이터를 생성한다. 이름은 ChaseTime이라고 붙인다.

2. 이제 ChaseTime을 열고 이벤트 그래프로 간다. 우클릭하고 Event Receive Execution Start를 찾는다.

3. 두 개의 변수를 생성해야 한다. 첫 번째는 CurrentTarget이라는 이름의 Blackboard Key Selector 타입이고, 두 번째는 플로트 타입으로 ChaseDuration이라 이름 붙인다.

4. Event Receive Execution Start를 당긴 다음 Delay를 찾는다. Chase Duration을 Delay 노드의 Duration 핀으로 플러그한다.

5. Owner Actor를 당겨서 이것을 AI컨트롤러에 캐스트한다. 그런 다음, AsAIController를 구해서 Get Move Status를 찾는다. 그리고 Return Value를 당겨서 Not Equal To를 찾고, 결과를 당겨서 Branch를 생성한다. Completed를 Branch의 엔트리에 플러그한다.

6. CurrentTarget을 구해서 이벤트 그래프에 변수로 넣는다. 핀을 당겨서 Set Blackboard Value as Object를 찾는다. Branch 노드의 True를 이 노드로 당긴다. 그런 다음, AsAIController를 당겨서 Stop Movement를 찾는다. 이것은 Set Blackboard Value as Object 다음에 와야 한다.

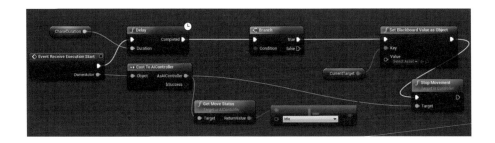

이제 다 됐으니 컴파일하고 나서, 다음 컴포넌트를 시작해보자.

두 번째로는 첫 번째 루트를 무작위로 설정할 서비스를 생성할 것이다. 그런 다음, 현재 루트로 가면 목록에 있는 다음 루트로 이동한다. 이런 변경은 언제든 이뤄질 수 있으며, 다음과 같이 서비스가 이 함수를 계속 구동하도록 해준다.

1. 그래프를 우클릭하고 Blueprint를 클릭한다. 그런 다음, All Classes로 내려가서 BTS를 찾는다. BTService를 클릭한 다음, Select를 눌러서 새로운 BT 서비스를 생성한다. 이름은 MoveBetweenRoutes라고 붙인다.

2. MoveBetweenRoutes를 열고 이벤트 그래프를 찾아간다.

3. 우클릭하고 Event Receive Activation을 찾는다. Owner Actor를 당겨서 AI 컨트롤러에 퓨어 캐스트pure cast하자. 그런 다음, AsAIController를 당겨서 ReceiveMoveCompleted를 찾는다. 이 이벤트를 나중에 사용하도록 배정한다.

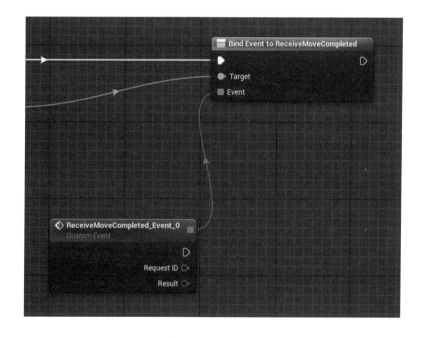

4. 두 개의 새로운 변수를 생성하자. 첫 번째는 CurrentRoute라는 이름의 Blackboard Key Selector 타입이고, 두 번째는 thisActor라는 이름의 AI컨트롤러가 될 것이다.

5. 이제 thisActor를 설정해 AsAIController를 thisActor로 당기자.

6. 그다음에는 CurrentRoute와 Get Blackboard Value as Object를 가져오고, 블랙보드 값 오브젝트가 유효한지 확인하기 위해 IsValid 노드를 생성한다.

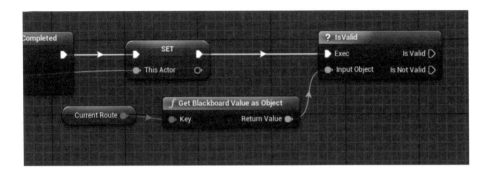

7. Is Not Valid를 당겼다 놓아서 Get All Actors of Class를 찾는다. Actor Class를 Waypoint로 설정한다.

8. Out Actors를 당겼다 놓아서 Length를 찾은 다음, 1을 뺀다. 우클릭하고 Range의 Random Integer를 찾는다. 그런 다음, 1을 뺀 결과 값을 Max에 플러그한다. 그리고 Out Actors를 당겼다 놓아서 GET을 찾는다.

9. Random Integer in Range의 Return Value를 Get에 플러그한다. 이제 CurrentRoute를 아래로 당긴다. 이 핀을 당긴 다음 놓고, Set Blackboard as Object를 찾는다. GET을 이 노드의 Value로 당겨 놓는다.

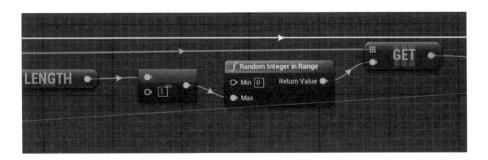

이제 시작부터 무작위의 루트가 선택된다.

10. 다시 이전에 만들었던 ReceiveMoveCompleted 이벤트로 초점을 옮겨보자. Result를 켜고, Success로부터 놓아서 Branch를 찾는다.

11. thisActor를 아래로 당겨서 핀을 당긴 다음에 Get Controlled Pawn을 찾는다. 그런 다음, ReturnValue에서 핀을 당겨 Get Distance To를 찾는다.

12. CurrentRoute를 아래로 당기고 핀을 당긴 다음, Get Blackboard Value as Object를 찾는다. 그다음, 웨이포인트에 캐스트하고 나서 AsWaypoint를 OtherActor로 플러그한다.

13. Return Value가 125보다 작은지 확인한다. 결과를 전에 만들어뒀던 Branch에 플러그한다.

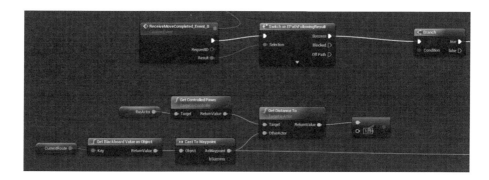

14. AsWaypoint를 당겼다 놓아서 Next Waypoint를 찾는다.

15. 그런 다음, Current Route를 아래로 당겨서 놓는다. 핀을 당겼다 놓아서 Set Blackboard Value as Object를 찾는다. 그런 다음, Next Waypoint에서 이 핀을 이 노드의 Value로 당겨 놓는다.

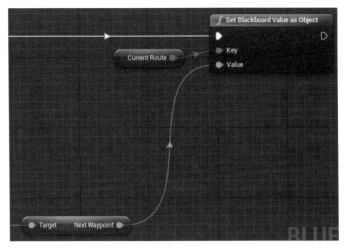

이제 현재 루트에 충분히 가까이 이동한 후에는 다음 루트로 이동할 수 있다.

세 번째로는 태스크를 생성할 텐데, 트리의 리프로 호출된다. 이 노드는 플레이어가 범위 안에 들어올 때 AI가 회전해 플레이어를 공격하는 것을 도와준다. 다음 과정을 수행해보자.

1. 그래프를 우클릭하고 Blueprint를 클릭한다. 그런 다음, All Classes로 내려가서 BTD를 찾는다. BTTask를 클릭한 다음, Select를 눌러서 새로운 BTTask를 생성한다. 이름은 `AttackEnemy`라고 붙인다.

2. AttackEnemy를 열고 나서 이벤트 그래프를 연다.

3. 우클릭하고 놓아서 Event Receive Execute를 찾는다. 그런 다음, 이 노드를 생성한다. 이제 Owner Actor에서 AI컨트롤러에 캐스트한다.

4. Cast To AIController에서 Branch 노드를 생성한다. False는 Finish Execute로 가야한다. 이렇게 하면 역시 Success에 대한 False가 반환될 것이다.

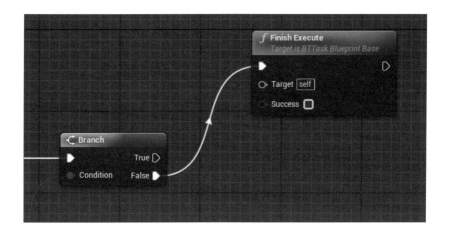

5. TheAttacker를 아래로 당기고, 핀을 당겼다 놓아서 Get Blackboard Value as Object를 찾는다. 그런 다음, 핀을 당겼다 놓아서 삼인칭 캐릭터에 캐스트한다. 그리고 Success는 4번 단계에서 생성한 Branch 노드의 Condition에 플러그한다.

6. 이제 True를 당겼다 놓아서 Delay를 찾는다. Duration에서는 Random Float in Range를 찾아야 한다. 노드의 Min 값을 0.4로, Max 값은 0.75로 설정한다.

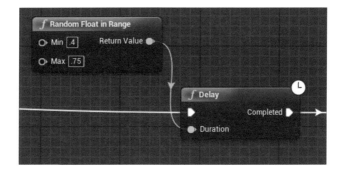

7. AsAIController를 당겼다 놓고 나서 Controller에서 Laser를 찾는다. 이제 Hit Actors를 당겼다 놓아서 Is Valid를 찾는다. 그리고 Is Not Valid를 당겼다 놓아서 Finish Execute를 찾는다.

8. Is Valid를 당겨서 Apply Damage를 찾는다. 그리고 Hit Actor를 Damaged Actor에 플러그한다. AsAIController 노드를 Damage Causer에 플러그한다.

9. Apply Damage를 당겨서 Delay를 찾는다. 우클릭하고 Random Float in Range를 찾은 다음, Return Value를 우리가 방금 생성한 노드의 Duration에 플러그한다. Min 값을 0.5로, Max 값은 1.0으로 설정한다.

10. Delay 다음에서 당겨서 Finish Execute를 찾는다. Success를 체크해 참으로 표시한다.

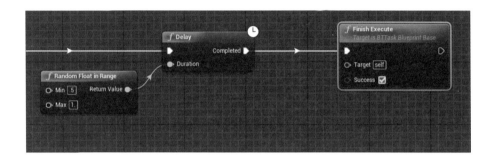

11. 이제 그래프를 우클릭해 Event Receive Tick을 찾는다. 그런 다음, Owner Actor를 AI컨트롤러에 캐스트한다. 그러면 AsAIController를 당겼다 놓아서 Get Controlled Pawn을 찾을 수 있다. 그런 다음, Get Actor Location을 당겼다 놓아서 Get Direction Vector를 찾는다.

12. AsThirdPersonCharactor에서 당겼다 놓아서 GetActorLocation을 찾는다. 그런 다음, Retrurn Value를 이전 단계에서 생성한 Get Direction Vector의 To 핀에 플러그한다.

13. Get Controlled Pawn의 Return Value를 당겼다 놓아서 Get Actor Forward Vector를 찾는다. 그런 다음, Return Value에서 놓아서 내적dot product(.)을 찾는다.

14. Get Direction Vector 노드에서 Return Value를 B에 플러그한다.

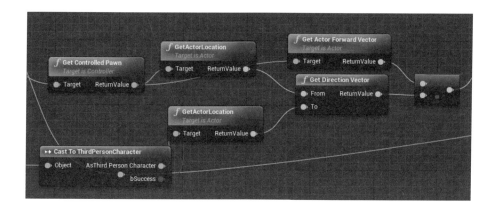

15. 내적의 결과를 가져다 놓아서 Radians to Degrees를 찾는다. 그런 다음, 당겼다 놓아서 Absolute를 찾는다. 마지막으로 결과를 당겼다 놓아서 Nearly Equal (float)를 찾는다. Absolute 노드의 출력을 A에 플러그한다.

16. B의 값은 57.3, Error Tolerance 값은 0.1이다. 다시 말해, 보이는 범위는 B 값의 두 배다. 그리고 ReturnValue를 당기고 놓아서 Branch 노드를 찾는다.

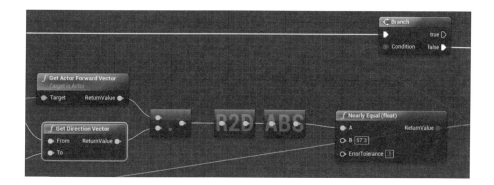

17. 이제 Branch 노드 다음의 AsAIController를 당겼다 놓아서 Get Controlled Pawn을 찾는다. 그런 다음, Return Value를 당겼다 놓아서 AddActorWorldRotation을 찾는다. 우클릭하고 구조를 나눈다.

18. Get Controlled Pawn 노드의 Return Value에서 당겼다 놓아서 GetActorLocation을 찾는다.

19. The Attacker 변수를 아래로 당겼다 놓아서 Get Blackboard Value as Object 를 찾고, 마지막으로 삼인칭 캐릭터에 캐스트한다. 그런 다음, As Third Person Character에서 핀을 당겼다 놓아서 GetActorLocation을 찾는다.

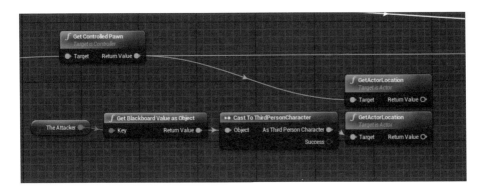

20. Get Controlled Pawn의 Return Value에서 당겨서 GetActorLocation의 Target에 플러그한 다음, 놓아서 Find Look at Rotation을 찾는다.

21. 19번 단계의 Return Value를 Find Look at Rotation 노드의 Target에 플러그한다.

22. Get Controlled Pawn을 당겼다 놓아서 Get Control Rotation을 찾는다.

23. Find Look at Rotation의 Return Value를 당겼다 놓아서 Delta (Rotator)를 찾는다.

24. Get Control Rotation의 Return Value를 Delta (Rotator)의 B에 플러그한다.

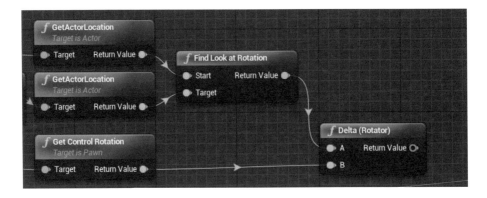

25. Return Value를 당기고 Get World Delta Seconds 값을 곱한 다음, 이 값을 55 플로트 값으로 곱한다. 그런 다음, 회전자를 나누고 Z (Yaw)를 AddActorWorldRotation 노드의 DeltaRotation Z (Yaw)에 플러그한다.

26. 노드에서 당겼다 놓아서 Finish Execute를 찾는다.

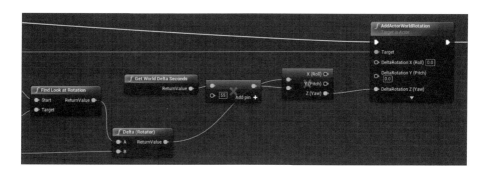

이제 모두 끝났으니, AI는 우리가 시야에 들어올 때마다 우리 쪽으로 회전할 것이다.

로직 생성

이제 모든 컴포넌트에 대한 설명이 끝났다. 그리고 세 가지 커스텀 노드의 설정도 마쳤다. 그럼 비헤이비어 트리로 돌아가기만 하면 된다. 그다음에는 AI를 위한 세 가지 상태를 설정해야 한다. 첫 번째 상태는 순찰로, AI를 다음 루트로 이동하게 해준다. 두 번째 상태는 추적으로, AI가 반경 안의 플레이어 쪽으로 움직이도록 만든다. 마지막 상태는 공격으로, 이 상태에서는 타깃이 더 이상 유효 거리 안에 없을 때까지 AI가 회전하며 총을 발사하게 된다.

그럼 이제, 다음과 같이 EnemyAI 비헤이비어 트리를 열자.

1. Root에서 아래로 당겨서 Selector를 찾고, Name to Choose State 노드로 설정한다. 여기에서 세 가지 분명한 상태를 정의할 것이다.

2. Choose State를 당겨서 Sequence를 찾는다. 이제 우클릭한 후 Add Decorator를 선택하고 Blackboard를 찾는다.

3. Blackboard를 클릭하고 Key Query를 Is Not Set으로, Blackboard Key를 Target Actor로 설정한다.

4. 우클릭하고 Add Service를 클릭해 MoveBetweenRoutes를 찾는다.

5. MoveBetweenRoutes를 클릭해 Current Route를 CurrentRoute로 설정한다.

6. Sequence를 당겨서 Move To를 찾는다. 이제 Move To를 CurrentRoute로 설정한다.

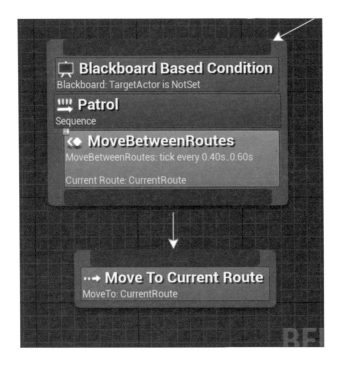

7. Choose State를 당겨서 Sequence를 찾는다. 이제 우클릭하고 Add Decorator를 선택해 Blackboard를 찾는다.

8. Blackboard를 클릭하고 Key Query는 Is Set으로, Blackboard Key는 TargetActor로 설정한다.

9. 우클릭하고 Add Decorator를 선택한 다음, Is At Location을 찾는다.

10. Is At Location을 클릭하고 Acceptable Radius를 600.0, Inverse Condition을 True, Blackboard Key를 TargetActor로 설정한다. Inverse Condition은 Acceptable Radius 값 밖에 있을 때는 True를 반환할 것이다.

11. Sequence에서 당겨서 Move를 찾는다. Move를 클릭하고 Move To를 TargetActor 로 설정한다.

12. Move To 노드에서 우클릭해 Add Decorator를 선택하고 ChaseTime을 찾 는다.

13. ChaseTime을 클릭해 Current Target을 TargetActor로, Chase Duration은 3.0으로 설정한다.

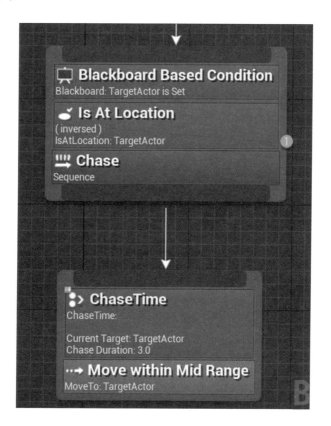

14. Choose State를 당겨 Sequence를 찾는다.

15. 우클릭해 Add Decorator를 선택하고 Blackboard를 찾는다. Blackboard를 클릭하고 Key Query는 Is Set으로, Blackboard Key는 TargetActor로 설정 한다.

16. 우클릭해 Add Decorator를 선택하고 Is At Location을 찾는다. Is At Location을 클릭하고 Acceptable Radius를 599.99, Blackboard Key를 TargetActor로 설정한다.

17. Sequence에서 당겨서 Attack at Mid Range를 찾는다.

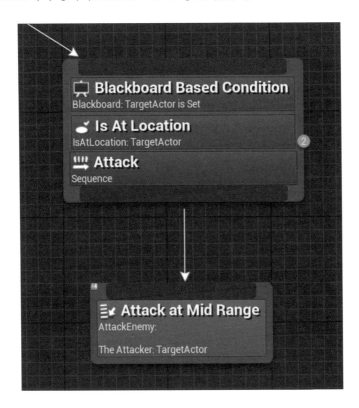

이제 모든 노드가 준비됐으며, 적 AI가 완성돼 여러분 대신 싸우고 움직이게 됐다! 여기까지 잘 따라온 것을 축하한다!

요약

이 장에서는 멋진 AI를 시작하기 위해 필요한 모든 것을 다뤘다. 맞닥뜨리는 상황에 따라 AI가 판단을 내릴 수 있게 해주는 비헤이비어 트리에 대해서도 알아봤다. 그리고 플레이어와 AI가 활용할 수 있는 중거리 공격을 만드는 법도 배웠다. 컨트롤러를 사용하는 법과 더불어 더 많은 기능을 활용하기 위한 컨트롤러 설정 방법도 익혀봤다. 비헤이비어 트리에서 모든 것을 구동하기 전에 마지막으로 해야 할 일은 AI의 순찰을 위한 웨이포인트 설정이었다. 마침내 비헤이비어 트리의 모든 것을 넣은 것이다.

지금까지 독자들은 언리얼 엔진 4에서 제공되는 툴을 사용해 게임 AI의 기본 형태를 어떻게 만들어내는지 배웠다.

마침내 재미있고 도전적인 AI를 만들어내는 데 성공한 것이다! 그럼 이제 마지막 장에 도전할 채비를 하자. 지금까지 AI와 언리얼 엔진 4의 모든 자료, 그리고 이들을 어떻게 조합하는지 배웠으므로 이제 앞서 논의했던 내용들을 정리해보는 것이 좋겠다. 또한 지금까지 배웠던 내용에 대한 다른 처리 방식도 짚어본다. 그러고 나면 게임 AI의 세계에 한 발 더 가까이 다가갈 수 있을 것이다!

[09] 지금까지 배운 내용

이 장에서는 간략하게 이전 장들의 내용을 훑어본다. 또한 지금껏 해온 작업을 다른 방식으로 어떻게 처리할 수 있는지 알아볼 테니 집중해주기 바란다. 마지막으로는 이 책에서 배운 모든 내용을 활용해 어떤 것들을 해낼 수 있는지도 살펴볼 것이다.

지금까지 각 장마다 목표를 두고 시작해서 이런 목표를 달성하기 위해 실용적인 방식으로 접근했다. 게임 AI에서 AI가 무엇을 의미하는지에 대해 배웠으며, 언리얼 엔진 4에서 게임 AI를 만드는 기본기를 차근차근 살펴봤다. 하지만 실제 작업에 들어가면 이 책에서는 다루지 않았던 문제에 부딪힐 수 있다. 우리가 연습해봤던 기법의 약점과 이점은 각각 무엇일까? 이 장에서는 이런 질문에 대한 해답을 제시해본다.

기본 AI 생성

AI에는 여러 종류가 있지만 이 책에서는 기본적인 AI를 생성해봤다. 컴포넌트의 계층에는 컨트롤러가 있고, 이런 컨트롤러가 어떤 비헤이비어 트리를 구동할지 결정한다. 그리고 트리의 결정 순서에 따라 태스크가 선택된다.

컨트롤러에는 다양한 태스크에 가장 적합한 여러 비헤이비어 트리가 있을 수 있다. 그리고 일단 태스크에 접근하면 하위 태스크를 담고 있는 트리가 해당 작업의 수행을 돕는다. 이런 단계까지 추상화를 구현하려면, 먼저 어떤 상태를 입력할 필요가 있는지 정확히 이해하고 있어야 한다.

그리고 끝없이 구동되는 AI의 기본을 만들어내는 법도 알아봤고, 수학을 이용해 AI가 벽에 닿지 않도록 할 수도 있었다. 생각하고 있는 시나리오에 따라, 이 정도면 모든 것을 처리할 수도 있을 것이다. 유닛들이 서로에게 방해받지 않고 달리며 필요할 때 벽에 부딪히지 않고 피하기만 하면 되는 경우에는 이 스크립트를 활용할 수 있다. 하지만 유닛을 좀 더 컨트롤해야 한다면 이 정도로는 부족하다.

그렇다면 대안은 스플라인^{Spline} 같은 위젯을 이용해 AI가 가야 할 곳을 정확히 컨트롤하는 것이다. 스플라인상의 위치로 향하는 방향을 정하면 2장, '기본 AI 생성'에서 살펴본 것처럼 주인공 대신 해당 방향 쪽으로 이동하게 된다.

AI가 가야 하는 곳을 지정하는 컨트롤을 사용할 때의 장점과 단점은 다음과 같다.

컨트롤 사용의 장점과 단점

장점은 다음과 같다.

- AI가 정확한 장소로 이동함

단점은 다음과 같다.

- 손으로 직접 경로를 만들어야 함
- 경로를 컨트롤하는 데 한계가 있음

어느 쪽을 이용하는 편이 나은지는 금방 알 수 있다. 좀 더 통제되는 상황이라면, 3D 공간에서 AI가 정확히 어디로 이동해야 할지 알려주는 웨이포인트를 사용할 수 있다. 레벨에 AI를 원하는 방식으로 배치하려면 이 방법이 최적이다. 그러므로 게임에서 이런 식으로 비밀 보안 대원들을 넣으면 지정한 지역들을 순찰하다가, 플레이어를 마주치면 공격한다.

무작위성과 확률 추가

앞에서는 무작위성과 확률을 도입하기 위해 적용했던 예제에 집중하면서 무작위성과 확률의 장단점을 집중적으로 살펴봤다. 결과를 미리 정해됐다면 무작위성이 확률과 똑같을 수도 있다. 예를 들어, 플레이어가 맨주먹으로 공격할 때마다 서로 다른 애니메이션이 플레이되도록 하고 싶다면, 무작위로 선택되는 다양한 애니메이션 어레이를 넣을 수도 있다. 하지만 선택할 수 있는 옵션이 다섯 가지라면 이때 가능한 선택지 중 하나가 출력될 확률은 20%가 된다.

무작위성 이용의 장점과 단점

장점은 다음과 같다.

- 출력에 제한이 거의 없음
- 시스템에 균형을 가져옴

단점은 다음과 같다.

- 편차가 늘어나기 때문에 엄청난 출력표를 만들어야 함
- 경로를 컨트롤하는 데에 한계가 있음

확률 이용의 장점과 단점

장점은 다음과 같다.

- 출력을 미리 결정할 수 있음
- 출력의 빈도를 정할 수 있음
- 시스템에 균형을 가져옴

단점은 다음과 같다.

- 무작위적이지 않음
- 출력표를 결정해둬야 함

확률은 출력을 미리 결정해두고 싶을 때 쓸 수 있는 강력한 도구다. 확률은 한 출력이 얼마나 자주 주어질지 선택할 수 있게 해주며, 무작위성은 출력을 전혀 통제할 수 없게 만든다. 이런 특성을 도입하면 플레이어 경험이 한층 더 추상적이 된다.

이동 도입

이 책은 입문서이므로 폰의 이동에 대해서만 다뤘다. 하지만 다른 폰 유형의 이동에 대해서도 흥미가 있다면 이동 컴포넌트인 정션 박스^junction box^를 다시 만들어야 한다. 정션 박스는 입력 델타를 받아서 가속으로 변환해야 하는 유형의 폰을 위한 이동 컴포넌트다.

즉 자동차 AI가 먼저 한 지점에서 다른 지점으로 방향을 받은 다음, 해당 위치의 방향으로 가도록 해준다. 그런 다음, 자동차 AI의 전진 방향에서 이 위치의 방향을 감산해줘야 한다. 그러면 방향 델타가 나오며, 이것을 자동차 AI의 방향으로 적용하면 된다.

3D 공간의 우주선도 이와 비슷하게 적용할 수 있다. 다시 말해, 기본 이동 컴포넌트로 이동시킬 수 없는 거미 AI를 만들고 싶다면, 커스텀 이동 컴포넌트를 만들어서 거미 AI를 원하는 어디로나 이동하게 지시하면서도 이것을 비헤이비어 트리에 결합시킬 수 있는 것이다.

AI에 선택권 부여

앞에서는 비헤이비어 트리를 이용해 여러 상태가 있는 AI를 만드는 방법을 집중적으로 다뤘다. 또한 EQS를 이용해 개가 현재 있는 위치 안에서 무작위로 영역을 선택하도록 만드는 것에 대해서도 간단히 다뤄봤다. 이 예제는 간단한 것이지만, 필터를 이용하기 시작하면 EQS의 위력이 돋보이게 된다.

예를 들어, 현재 적들이 모두 자신의 위치에서 500 유닛 내에 있으며, 시야에 들어오지 않는 것들을 모두 제거하고 싶을 수 있다. 그러면 60도 시야각 안에 있지 않은 적들은 모두 없애버린다. 그럼 마지막으로 캐릭터에 가장 가까이 있는 적 하나만 남는다.

블루프린트에서도 이런 것이 가능하지만, 그러려면 블루프린트 라이브러리나 노드를 넣어야만 한다. 그런데 EQS로 만들면, UI에 조건만 만들어 넣으면 되고 공유하기도 쉬우며 스크립팅도 필요 없다.

EQS와 블루프린트의 사용을 환경을 감안해 비교해보자.

EQS 이용의 장점과 단점

장점은 다음과 같다.

- 블루프린트가 필요 없으며, 조건을 명시하기에 더 직관적임

단점은 다음과 같다.

- UI에서 가능한 옵션들에 제한이 있음

블루프린트 이용의 장점과 단점

장점은 다음과 같다.

- 적용에 유연성이 극대화됨

단점은 다음과 같다.

- 직접 만들어야 함
- 재사용하기가 어려움

EQS는 툴의 목적을 제대로 이해하기만 한다면 매우 강력한 툴이다. 빠르고 정확하게 씬을 쿼리하며, 블루프린트 코드와 씨름할 필요도 없다. 그리고 블루프린트 코드와 함께 제대로 활용한다면 신세계를 경험할 수도 있다. 인터페이스를 생성해 EQS 연산에 활용하고, AI가 달려가서 숨을 수 있는 아무도 없이 안전한 엄폐물을 찾는 것과 같이 원하는 결과를 얻을 수도 있다.

AI의 감각은 어떻게 이뤄지는가

우리의 AI가 월드에 있는 다른 폰들을 감지하도록 하는 데 어떤 컴포넌트들이 쓰이는지는 앞에서 설명했다. 시야와 사운드의 설정을 커스터마이즈할 수도 있었다. 그다음에는 센서 시스템이 각 업데이트마다 이런 기준에 맞는 폰을 반환했다.

폰들을 이용하면 공격 이외의 다른 것에 활용할 수도 있었다. 또한 최고의 엄폐물을

계산하는 데 사용하면 AI가 우리의 위치에 반응하기도 했다. 특정 기준을 설정하면 엄폐물에 들어가거나 떠날 최적의 타이밍을 AI에게 알려줄 수도 있다. 그리고 특정 기준을 추가하면 이동하는 행동에 대해 진입하거나 나가는 것을 컨트롤할 수도 있다.

고급 이동

고급 이동은 군집 행동을 가능하게 해준다. 이런 종류의 이동 양식은 보통 새 떼나 물고기 떼에서 찾아볼 수 있다. 한 번에 한 유닛에게만 문을 통과하도록 허용하는 줄서기 같은 이동 양식도 있다. 분대 행동 양식은 서로 보호해주는 유닛들을 만들 때 아주 좋다.

이동 양식을 이용할 때의 장점은 AI가 추가적으로 판단을 내릴 필요가 없다는 점이다. 또한 트리의 연산 일부를 활용해 폰이 계산하도록 해준다.

순찰, 추적, 공격하는 AI

월드에 배치해둔 웨이포인트 사이를 순찰하는 AI를 만드는 방법도 알아봤다. AI의 시야에 들어가면 AI가 즉시 여러분을 추격하기 시작한다. 또한 AI의 공격 범위 내에 있다면 레이저를 발사한다!

우리는 컴포넌트마다 장점이 있어 더욱 지능적이고 반응성이 좋은 AI를 만들어낼 수 있다고 믿는다. 한번 비헤이비어 트리 없이 AI를 만들어보고 나면 비헤이비어 트리가 정말 필요한지 의아해지게 될 것이다. 문제가 있을 때 해결책이 필요해지는데, 모든 문제에 대해 한 가지 해법만 사용하다 보면 아무 문제도 해결할 수 없게 된다. 우리는 비헤이비어 트리와 다른 컴포넌트들의 장점을 활용해 가장 근접한 행동 양식에서 부족한 부분들을 메꾸곤 한다.

비헤이비어 트리 이용의 장점과 단점

장점은 다음과 같다.

- 쉽게 확장할 수 있음
- 블랙보드 인스턴스에 동기화됨

단점은 다음과 같다.

- 디자인에 따라 실행 플로우가 좌우됨
- 설정이 필요함

AI 블루프린트 이용의 장점과 단점

장점은 다음과 같다.

- 적은 작업으로 더 많은 결과를 냄
- AI컨트롤러가 필요하지 않음

단점은 다음과 같다.

- EQS를 활용할 수 없음

트리 밖에서 블루프린트 스크립트를 사용해 트리에 더 많은 정보를 입력하면 비헤이비어 트리 내에서의 실행 플로우 제약 사항을 다소 극복할 수 있다. 예를 들어, AI에게 한 장소로 가도록 지시했다면 서비스를 사용하지 않는 한, 이동 도중 적을 봤는지 확인할 수 없다. 그렇다면 이 서비스가 해당 브랜치에 특히 유용한지, 아니면 트리 전체에 유용한지 생각해볼 필요가 있다.

요약

이제 언리얼 엔진 4의 게임 AI를 자신 있게 다루는 데 필요한 모든 것을 살펴본 것 같다. 게임 AI를 살펴보면서 다양한 아이디어를 제시하고 호기심이 생겼기를 바라는 마음이다. 게임 AI라는 것이 두려운 주제일 수는 있지만, 이 책의 모든 과정을 빠짐없이 수행했다면 시작할 준비는 충분히 마쳤다고 할 수 있다!

언리얼 엔진 4에서 유용하게 쓸 수 있는 다양한 AI 컴포넌트에 대한 시연은 여기까지다. 책의 내용과 관련해 peterlnewton.com으로 질문을 보내면 신속히 회신해줄 것을 약속한다!

찾아보기

에이콘출판의 기틀을 마련하신 故 정완재 선생님 (1935-2004)

언리얼 엔진 4 AI 프로그래밍 에센셜

블루프린트로 인공지능 게임 만들기

인 쇄 ┃ 2016년 10월 18일
발 행 ┃ 2016년 10월 26일

지은이 ┃ 피터 뉴튼 · 지 펭
옮긴이 ┃ 고 은 혜

펴낸이 ┃ 권 성 준
편집장 ┃ 황 영 주
편 집 ┃ 나 수 지
디자인 ┃ 이 승 미

에이콘출판주식회사
서울특별시 양천구 국회대로 287 (목동 802-7) 2층 (07967)
전화 02-2653-7600, 팩스 02-2653-0433
www.acornpub.co.kr / editor@acornpub.co.kr

한국어판 ⓒ 에이콘출판주식회사, 2016, Printed in Korea.
ISBN 978-89-6077-922-8
ISBN 978-89-6077-210-6 (세트)
http://www.acornpub.co.kr/book/unreal-ai

이 도서의 국립중앙도서관 출판시도서목록(CIP)은 서지정보유통지원시스템 홈페이지(http://seoji.nl.go.kr)와
국가자료공동목록시스템(http://www.nl.go.kr/kolisnet)에서 이용하실 수 있습니다.(CIP제어번호: CIP2016024294)

책값은 뒤표지에 있습니다.